구리 테이프로 꾸미는 디지털 아트

집필 최정원

씨마스에듀

저자 소개

최정원
(현) 만월중학교 정보 교사

- 교육학 박사(정보영재교육 전공)
- 한국정보교사연합회 부회장
- 한국컴퓨터교육학회 부회장
- 제주대학교 지능소프트웨어교육센터 전임연구원
- 2022 개정 정보과 교육과정 각론 연구진
- 2015 고등학교 인공지능기초 교육과정 개발 연구진
- EBS 쉽게 배우는 중학 AI 집필
- EBS 톡톡 소프트웨어, 뚝딱뚝딱 소프트웨어 콘텐츠 제작 지도 교사
- 삼성 주니어 SW 아카데미, 한국과학창의재단, 한국교육학술정보원 교원 연수 기획 및 강의
- 중고등학교 교과서 다수 집필
- 국내외 SW · AI 교육 및 영재 교육에 대한 다수의 연구 수행, 저서 및 연구 논문 발표

구리 테이프로 꾸미는 디지털 아트

초판발행	2020년 8월 1일
2쇄발행	2022년 4월 13일

지 은 이	최정원
펴 낸 이	이미래
펴 낸 곳	㈜씨마스
주　　소	서울특별시 강서구 강서로 33가길 78 씨마스빌딩
등록번호	제301호-2011-214호
내용문의	02)2274-1590~2	팩스 02)2278-6702

편　　집	권소민, 최햇님
디 자 인	표지: 이기복, 내지: 곽상엽
마 케 팅	김진주

홈페이지 www.cmass21.co.kr | **이메일** cmass@cmass21.co.kr
이 책에 대한 의견이나 잘못된 내용에 대한 수정 정보는 씨마스 홈페이지나 이메일로 알려 주시기 바랍니다.
잘못된 책은 구매처 또는 본사에서 교환해 드립니다.

I S B N 979-11-5672-390-5(53000)

구리 테이프 교구는 별도 판매 또는 교재와 세트로 판매합니다.

구 매 처 T. 02) 2274-1590~2
홈페이지 cmassedumall.com

이 책을 내며

디지털 아트의 세계에 오신 것을 환영합니다!

최근 예술 분야는 기술과 결합하여 그 영역을 점점 더 확장시켜 나가고 있습니다. 이러한 최신 트렌드 덕분에 우리는 서로 간에 상호작용할 수 있는 예술 작품을 접할 수 있게 되었습니다. 『구리 테이프로 꾸미는 디지털 아트』는 이러한 융합에 초점을 맞춘 교재입니다. 여러분은 이 교재를 통해 소박하고 개성 넘치는 미술 작품에 디지털 회로를 더해 새로운 미술 작품을 만들어 볼 수 있습니다.

구리 테이프, LED와 버저, 빛 센서와 버튼 등의 장치는 반딧불이 그림, 세계의 명소를 그린 풍경, 밤하늘 별빛이 일렁이는 고흐의 그림에 생명력을 불어넣어 줄 것입니다. 또한, 직접 손으로 밀고 당기며 LED를 켜고 끄는 슬라이드 카드, 우리들의 성장기가 담긴 멋진 터널북 등을 만들다 보면 여러분은 어느새 예술에 공학을 더하는 융합 전문가가 되어 있을 것입니다.

이 책은 크게 3개의 영역으로 구성되어 있습니다.
Part 1 기본편에서는 구리 테이프로 직렬 회로, 병렬 회로, 스위치 회로, 슬라이드 스위치 회로 등 디지털 회로를 설계하는 방법을 배우고, 이를 활용해 간단한 작품을 만들어 볼 수 있습니다.
Part 2 응용편에서는 기본편에서 학습한 회로를 활용하여 좀더 기발하고 창의적인 작품을 만들어 볼 수 있습니다.
Part 3 코딩 맛보기는 프로그래밍을 통해 회로를 제어하는 방법을 학습할 수 있습니다. 프로그래밍에 대한 지식이 부족하더라도 여러분이 한 단계씩 차근차근 기초 지식을 배워 따라 할 수 있도록 친절하게 설명하였기 때문에 혼자서 학습하기에도 좋습니다.

여러분이 경험하게 될 18개의 활동은 현재 미국 매사추세츠 공과 대학(MIT)과 하버드 대학(Harvard University)의 연구진이 학생과 교사의 창의력, 문제 해결력, 예술적 감성 등 다양한 사고를 촉진시키기 위해 운영하고 있는 워크숍에서 활용하고 있는 것입니다.
여러분도 이 교재를 통해 워크숍에 함께 참석하는 간접 경험을 해 보시기 바랍니다.

이 책의 차례

이 교재는 회로 응용도와 만들기 난이도에 따라 구분하는 〈기본편〉과 〈응용편〉, 코딩을 추가해 보는 〈코딩 맛보기〉로 구성하였습니다.

"구리 테이프 회로에 다양한 미술 기법을 더하여 재미있고 창의적인 디지털 아트 작품을 만들어 보세요."

구리 테이프로 반짝반짝 빛나는 멋진 작품을 만들 수 있어요.

재미있는 디지털 아트의 세계로 함께 떠나 볼까요?

이 책의 구성

이 책은 전기 회로에 대한 이해를 돕는 〈기본편〉, 회로와 미술 기법을 융합해 평면에서 입체에 이르는 여러 가지 작품을 만드는 〈응용편〉으로 구성되어 있습니다.

도입

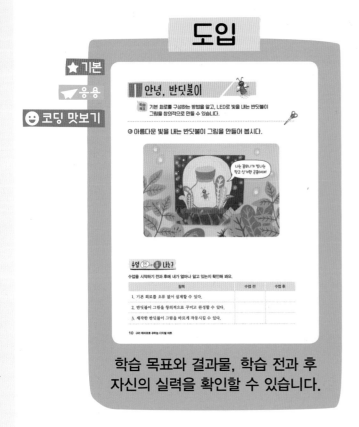

학습 목표와 결과물, 학습 전과 후 자신의 실력을 확인할 수 있습니다.

만들기

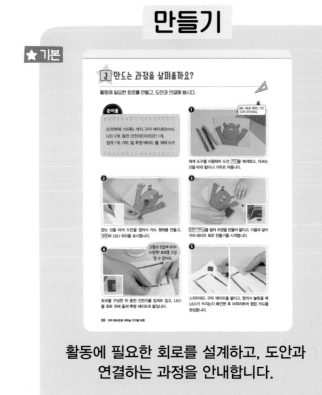

활동에 필요한 회로를 설계하고, 도안과 연결하는 과정을 안내합니다.

개념 익히기

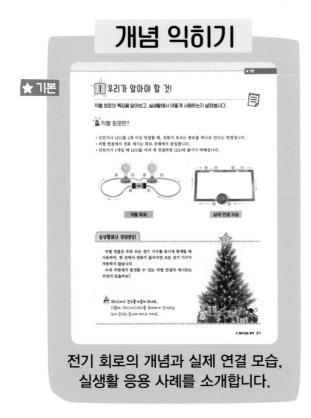

전기 회로의 개념과 실제 연결 모습, 실생활 응용 사례를 소개합니다.

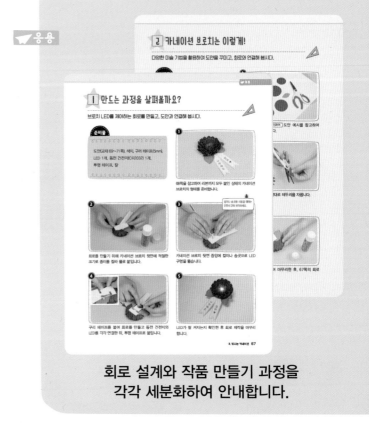

회로 설계와 작품 만들기 과정을 각각 세분화하여 안내합니다.

〈코딩 맛보기〉는 엔트리로 LED 회로를 제어하는
프로그램을 만들어 응용하는 활동으로 구성되어
있습니다.

프로그래밍하기

😊 코딩 맛보기

나만의 프로젝트! 에서
직접 색칠하고, 회로를
설계해 보세요.

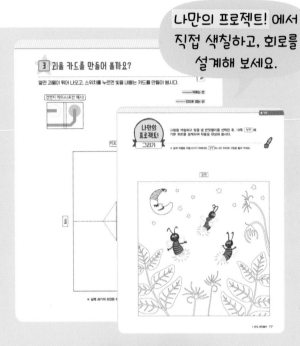

작품 제작에 필요한
도안을 제공합니다.

회로와 센서 보드(코드이노 또는
E-센서보드)를 연결한 후, 프로그래밍하여
LED를 제어하는 활동입니다.

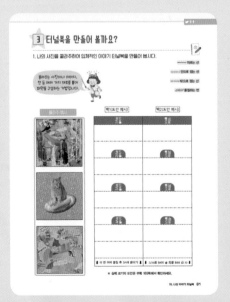

작품 제작에 필요한 도안 예시와 함께
미술 기법과 응용 사례를 설명합니다.

작품 제작 계획서

모둠 활동에 필요한
작품 제작 계획서를 제공합니다.

활동 전 준비하기

◉ 어떤 준비물이 필요하죠?

활동에 필요한 준비물을 알아봅시다.

회로 설계 준비물

	동전 건전지 (CR2032)	• 전류가 흐를 수 있게 해 주는 장치 • 3V라고 표시되어 있는 부분이 ⊕극 • 아무것도 표시되어 있지 않은 부분이 ⊖극
	LED 3~5mm	• 전류가 흐르는 것을 결과로 보여 주는 장치 짧은 다리: ⊖극 → ← 긴 다리: ⊕극
	구리 테이프 (폭 5mm)	• 전류가 흐르는 통로가 되어 주는 장치 • 포일 형태의 테이프
	집게	• 동전 건전지가 움직이지 않도록 고정

> 활동에 따라 별도로 준비해야 하는 준비물도 있습니다.

만들기 준비물

가위와 칼

색지

투명 테이프

풀

채색 도구

◎ 회로를 설계해 볼까요?

회로 설계하기를 연습해 봅시다.

1 회색 선을 따라서 구리 테이프를 반듯하게 붙여 보세요.

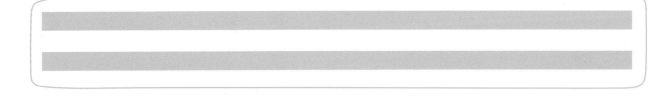

2 회로의 각진 부분에 구리 테이프를 붙여 보세요.

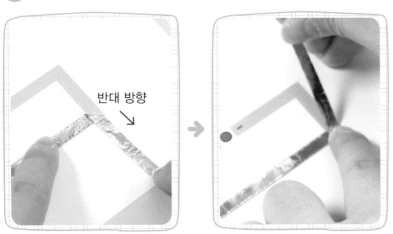

반대 방향

연습하기

3 회로를 설계하고 집게로 동전 건전지를 고정해 보세요.

연습하기

● LED 위치

동전 건전지 놓는 면

구리 테이프 붙이는 면

------ 안으로 접는 선

집게 없이 동전 건전지를 붙여 회로를 설계해 봅시다.

Ⅰ 투명 테이프로 동전 건전지와 회로를 연결해 보세요.

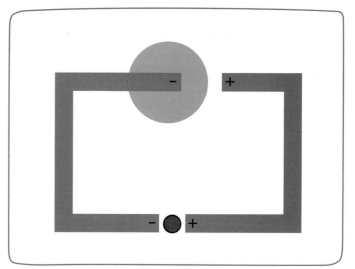

구리 테이프의 접착 면이 동전 건전지에 닿으면 전류가 잘 흐르지 않을 수 있어요. 구리 테이프를 한 번 접어서 전류가 잘 흐를 수 있게 합니다.

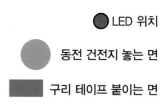

2 건전지 케이스를 만들어 붙여 보세요.

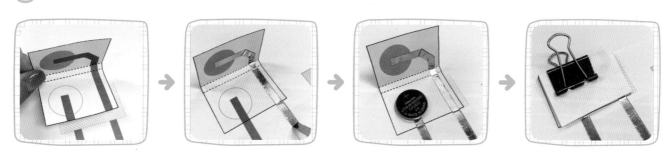

작품의 모서리를 접지 않고 동전 건전지를 고정할 수 있는 건전지 케이스입니다. 부록 155쪽에 있는 건전지 케이스를 오려 붙여 보세요.

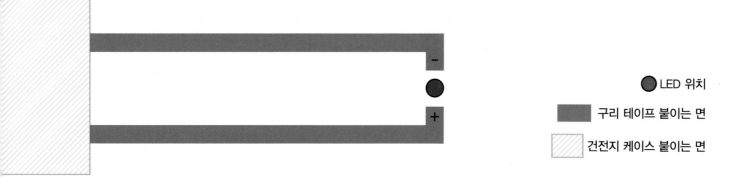

Part 1

기본편

구리 테이프로 기본 회로, 직렬 회로, 병렬 회로, 스위치 회로, 슬라이드 스위치 회로 등 디지털 회로를 설계하는 방법을 배웁니다. 전기 회로를 이해하고 이를 활용하여 간단한 융합 미술 작품을 만들어 볼 수 있습니다.

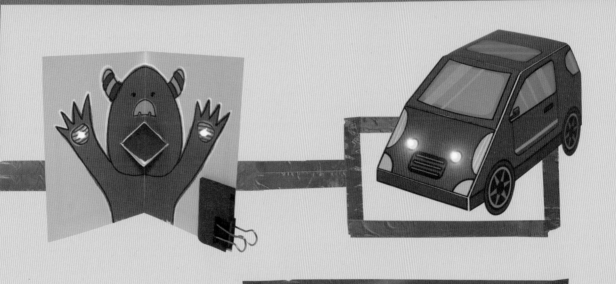

안녕, 반딧불이

> **학습 목표** 기본 회로를 구성하는 방법을 알고, LED로 빛을 내는 반딧불이 그림을 창의적으로 만들 수 있습니다.

◉ 아름다운 빛을 내는 반딧불이 그림을 만들어 봅시다.

학습 전 → 후 나는?

학습하기 전과 비교하여 학습한 후에 얼마나 더 알게 되었는지 스스로 확인해 봐요.

항목	학습 전	학습 후
1. 기본 회로를 오류 없이 설계할 수 있다.	😄 😊 😐	😄 😊 😐
2. 반딧불이 그림을 창의적으로 꾸미고 완성할 수 있다.	😄 😊 😐	😄 😊 😐
3. 제작한 반딧불이 그림을 바르게 작동시킬 수 있다.	😄 😊 😐	😄 😊 😐

1 우리가 알아야 할 것!

기본 회로 연결 방법을 알고, LED를 켜기 위한 정보를 수집해 봅시다.

전기 회로란?

- 전기 회로는 전류가 흐르는 통로입니다.
- 전기 회로를 만들기 위해서는 전원 장치, 연결 장치, 출력 장치가 필요합니다.

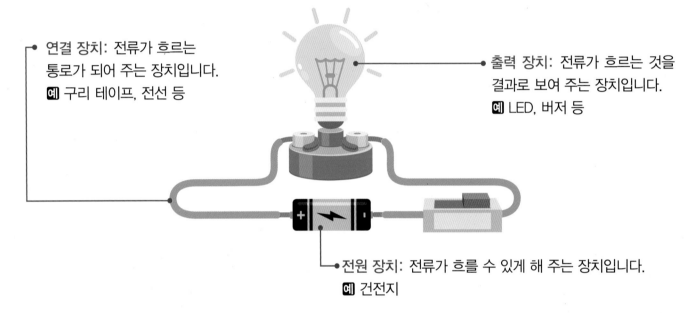

연결 장치: 전류가 흐르는 통로가 되어 주는 장치입니다.
예 구리 테이프, 전선 등

출력 장치: 전류가 흐르는 것을 결과로 보여 주는 장치입니다.
예 LED, 버저 등

전원 장치: 전류가 흐를 수 있게 해 주는 장치입니다.
예 건전지

어떻게 전기 회로를 만들까?

- 구리 테이프와 LED, 동전 건전지를 준비합니다.
- 실제 연결 모습처럼 동전 건전지의 ⊕극과 LED의 ⊕극, 동전 건전지의 ⊖극과 LED의 ⊖극이 이어지도록 구리 테이프로 연결합니다.

개념 알기

전류는 건전지의 ⊕극에서 시작하여 LED의 ⊕극과 ⊖극을 지나 건전지의 ⊖극으로 흘러갑니다.

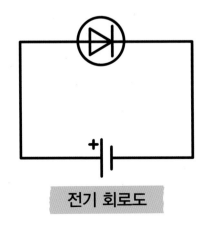

전기 회로도

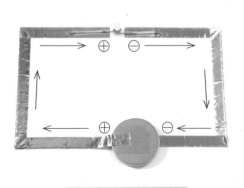

실제 연결 모습

2 만드는 과정을 살펴볼까요?

활동에 필요한 회로를 설계하고, 도안과 연결해 봅시다.

도안(교재 15쪽), 구리 테이프(5mm),
LED 1개, 동전 건전지(CR2032) 1개,
집게 1개, 가위, 칼, 투명 테이프, 채색 도구

1

채색 도구를 이용하여 도안 앞면 을 채색합니다.

2

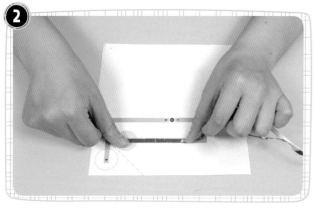

도안 뒷면 에 있는 회색 선을 따라서 구리 테이프를
반듯하게 붙입니다.

3

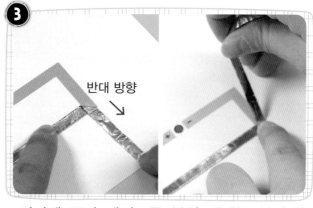

반대 방향

모서리에 구리 테이프를 붙일 때에는 붙이려는
방향의 반대로 접었다가, 원하는 방향으로 다시 꺾어
붙입니다.

4

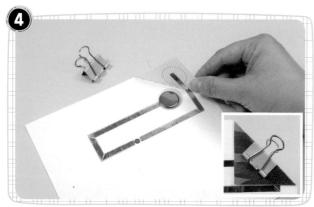

접는 선을 따라 도안을 접었다 편 후, 동전 건전지를
극성에 맞게 놓고 종이를 다시 접어 집게로 집습니다.

5

칼을 사용할 때에는
안전사고에 유의하세요.

도안 뒷면 의 ● 모양을 칼이나 펜으로 뚫고, 다리를
90°로 꺾은 LED를 회로 위에 올려 투명 테이프로
붙입니다.

∃ 반딧불이를 만들어 볼까요?

채색 도구로 반딧불이 그림을 색칠하고, 뒷면 에서 회로를 완성해 봅시다.

앞면

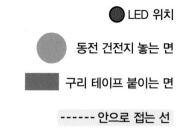

● LED 위치

동전 건전지 놓는 면

구리 테이프 붙이는 면

------ 안으로 접는 선

뒷면

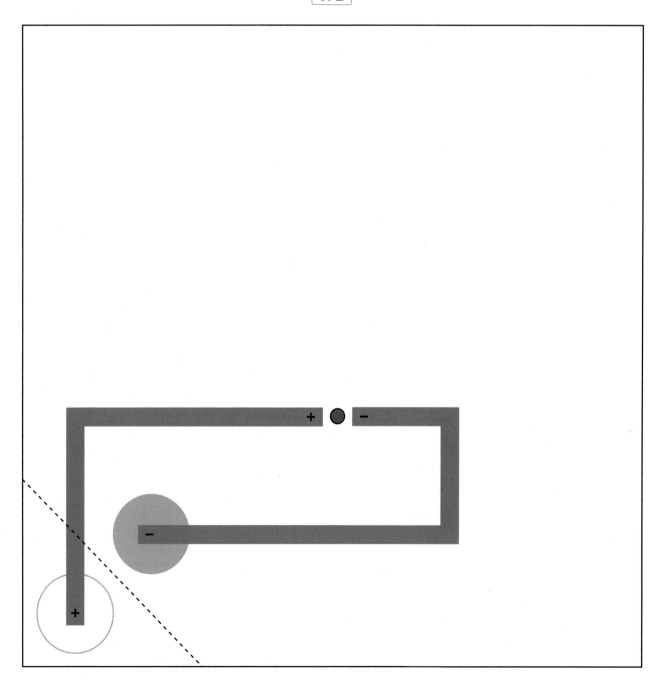

나만의 프로젝트!
그리기

그림을 색칠하고 빛을 낼 반딧불이를 선택한 후, 19쪽 뒷면 에 기본 회로를 설계하여 작품을 완성해 봅시다.

※ 실제 작품을 작동시키기 위해서는 앞면 의 LED 위치에 구멍을 뚫어 주세요.

앞면

나만의 프로젝트!

회로 설계

17쪽에 그린 그림에 맞춰 LED의 위치를 정하고, 회로를 설계해 봅시다.

뒷면

빛이 있는 풍경

학습목표 직렬 회로를 구성하는 방법을 알고, LED로 빛을 내는 풍경 그림을 창의적으로 만들 수 있습니다.

⚾ 도시 풍경을 그린 그림에 불을 밝혀 봅시다.

나는 프랑스를 대표하는 건축물인 에펠탑이야.

학습 전 → 후 나는?

학습하기 전과 비교하여 학습한 후에 얼마나 더 알게 되었는지 스스로 확인해 봐요.

항목	학습 전	학습 후
1. 직렬 회로를 오류 없이 설계할 수 있다.	😄 🙂 😐	😄 🙂 😐
2. 도시 풍경 그림을 창의적으로 꾸미고 완성할 수 있다.	😄 🙂 😐	😄 🙂 😐
3. 제작한 도시 풍경 그림을 바르게 작동시킬 수 있다.	😄 🙂 😐	😄 🙂 😐

1 우리가 알아야 할 것!

직렬 회로의 특징을 알아보고, 실생활에서 어떻게 사용하는지 살펴봅시다.

 직렬 회로란?

- 건전지나 LED를 2개 이상 연결할 때, 전류가 흐르는 통로를 하나로 만드는 방법입니다.
- 직렬 연결에서 전류 세기는 회로 전체에서 동일합니다.
- 건전지가 1개일 때 LED를 여러 개 연결하면 LED의 밝기가 약해집니다.

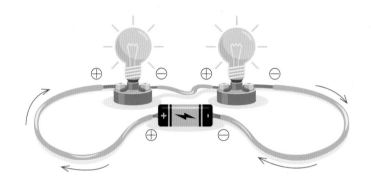

직렬 회로

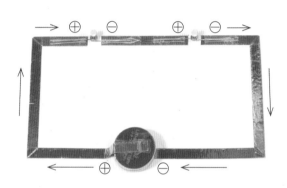

실제 연결 모습

실생활에서 찾아봐요!

　직렬 연결은 주로 모든 전기 기구를 동시에 통제할 때 사용하며, 한 곳에서 전류가 끊어지면 모든 전기 기구가 작동하지 않습니다.
　우리 주변에서 발견할 수 있는 직렬 연결의 예시로는 무엇이 있을까요?

 크리스마스 전구를 떠올려 보세요.
12월에 크리스마스트리를 화려하게 장식하는
꼬마 전구는 동시에 켜지고 꺼져요.

만드는 과정을 살펴볼까요?

활동에 필요한 회로를 설계하고, 도안과 연결해 봅시다.

준비물

도안(교재 23쪽), 구리 테이프(5mm),
LED 3개, 동전 건전지(CR2032) 1개,
집게 1개, 가위, 칼, 투명 테이프, 채색 도구

채색 도구로 도안 앞면 을 채색합니다.

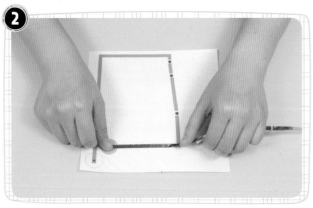

도안 뒷면 에 있는 회색 선을 따라서 구리 테이프를 반듯하게 붙입니다.

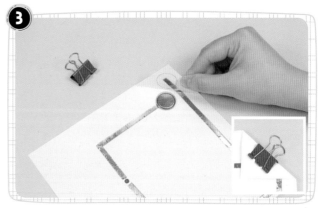

접는 선을 따라 도안을 접었다 편 후, 동전 건전지를 극성에 맞게 놓고 종이를 다시 접어 집게로 집습니다.

> 칼을 사용할 때에는 안전사고에 유의하세요.

도안 뒷면 의 ● 모양을 칼이나 펜으로 뚫고, 다리를 90°로 꺾은 LED를 회로 위에 올려 투명 테이프로 붙입니다.

빛이 있는 풍경을 완성하세요.

3 풍경을 만들어 볼까요?

채색 도구로 풍경 그림을 색칠하고, 뒷면 에서 회로를 완성해 봅시다.

여러 가지 색깔의 색종이나 셀로판지를 붙여서 표현하는 모자이크 기법을 활용해 보세요.

앞면

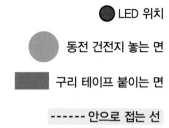

LED 위치에 구멍을 뚫어 주세요.

뒷면

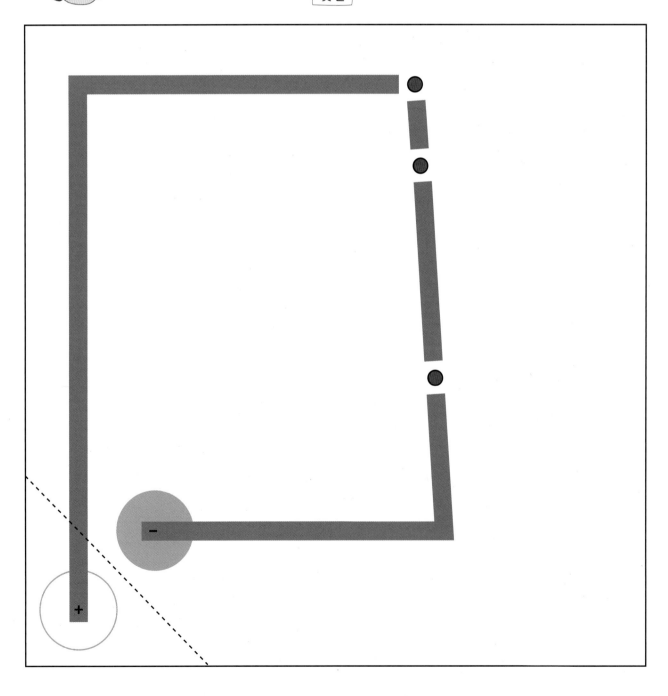

나만의 프로젝트!

그리기

도시를 대표하는 건축물이나 조각상이 있는 풍경을 그린 후, 뒷면 에 직렬 회로를 설계하여 작품을 완성해 봅시다.

※ 앞면 LED 위치에 구멍을 뚫어 주세요.

직접 그리기가 어렵다면 인터넷에서 이미지를 검색하여 참고하세요.

앞면

나만의 프로젝트!

회로 설계

25쪽에 그린 그림에 맞춰 LED의 위치를 정하고, 회로를 설계해 봅시다.

뒷면

부릉부릉 자동차

학습
목표 병렬 회로를 구성하는 방법을 알고, LED 전조등이 빛나는
입체 자동차를 창의적으로 만들 수 있습니다.

◉ 전조등을 밝히며 도로를 달리는 자동차를 만들어 봅시다.

빵빵! 길을 비켜라!

학습 전 ▸ 후 나는?

학습하기 전과 비교하여 학습한 후에 얼마나 더 알게 되었는지 스스로 확인해 봐요.

항목	학습 전			학습 후		
1. 병렬 회로를 오류 없이 설계할 수 있다.	😄	🙂	😐	😄	🙂	😐
2. 입체 자동차를 창의적으로 꾸미고 완성할 수 있다.	😄	🙂	😐	😄	🙂	😐
3. 제작한 입체 자동차를 바르게 작동시킬 수 있다.	😄	🙂	😐	😄	🙂	😐

▐ 우리가 알아야 할 것!

병렬 회로의 특징을 알아보고, 실생활에서 어떻게 사용하는지 살펴봅시다.

병렬 회로란?

• 건전지나 LED를 2개 이상 연결할 때, 전류가 흐르는 통로를 여러 개로 만드는 방법입니다.
• 건전지가 1개일 때, LED를 여러 개 연결해도 LED의 밝기가 동일합니다.
• 직렬 연결했을 때보다 LED의 밝기가 밝습니다.

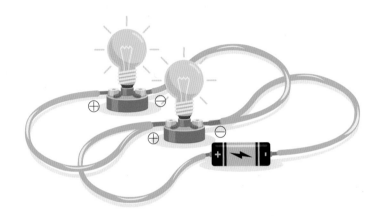

병렬 회로

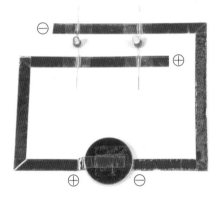

실제 연결 모습

실생활에서 찾아봐요!

　병렬 연결은 주로 전기 기구를 각각 따로 통제할 때 사용합니다. 하지만 전선을 많이 사용해야 하고, 전기 기구 전체를 통제하기 어렵다는 단점이 있습니다.
　우리 주변에서 발견할 수 있는 병렬 연결의 예시로는 무엇이 있을까요?

 여러 가지 가전제품을 떠올려 보세요.
　우리는 냉장고, 에어컨, 세탁기, 밥솥 등 집 안에서 사용하는 가전제품을 각각 따로 켜고 끌 수 있어요.

만드는 과정을 살펴볼까요?

활동에 필요한 회로를 설계하고, 도안과 연결해 봅시다.

준비물

도안(부록 153쪽), 구리 테이프(5mm),
LED 2개, 동전 건전지(CR2032) 1개, 가위,
칼, 풀, 투명 테이프, 채색 도구

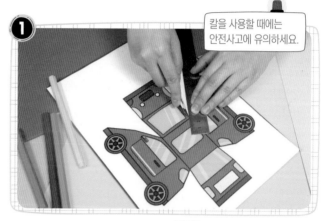

칼을 사용할 때에는 안전사고에 유의하세요.

채색 도구를 이용하여 도안 앞면 을 채색하고, 오리는 선을 따라 칼이나 가위로 오립니다.

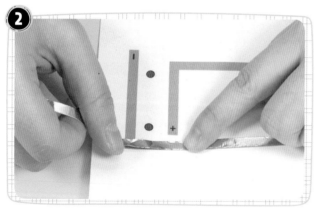

도안 뒷면 의 회색 선을 따라서 구리 테이프를 반듯 하게 붙이고, 극성에 맞게 동전 건전지를 놓습니다.

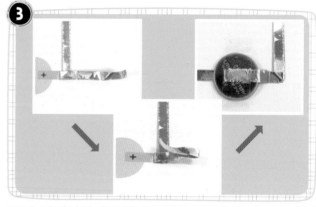

동전 건전지의 ⊕극을 연결하는 구리 테이프는 위와 같이 접어서 전류가 잘 흐를 수 있도록 합니다.

도안 뒷면 의 ● 모양을 칼이나 펜으로 뚫고, 다리를 90°로 꺾은 LED를 회로 위에 올려 투명 테이프로 붙입니다.

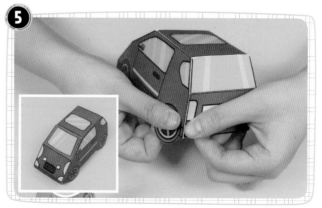

접는 선을 따라 도안을 접고, 풀칠하는 면에 풀칠하여 입체 자동차를 완성합니다.

3 자동차를 만들어 볼까요?

채색 도구로 자동차를 색칠하고, 뒷면 에서 회로를 완성한 뒤 조립해 봅시다.

——— 오리는 선

—·—·— 밖으로 접는 선

////// 풀칠하는 면

앞면(도안 예시)

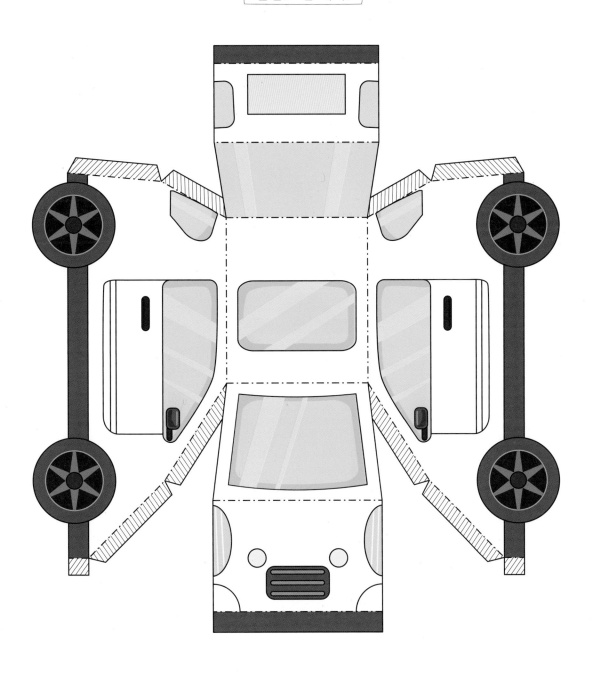

※ 실제 크기 도안(부록 153쪽)을 사용하세요.

LED 위치

동전 건전지 놓는 면

구리 테이프 붙이는 면

뒷면

나만의 프로젝트!

그리기

그림을 색칠하고 불을 켤 초를 선택한 후, 뒷면 에 병렬 회로를 설계하여 작품을 완성해 봅시다.

※ 앞면 LED 위치에 구멍을 뚫어 주세요.

앞면

나만의 프로젝트!

회로 설계

33쪽에 그린 그림에 맞춰 LED의 위치를 정하고, 회로를 설계해 봅시다.

● 동전 건전지 놓는 면

------ 안으로 접는 선

뒷면

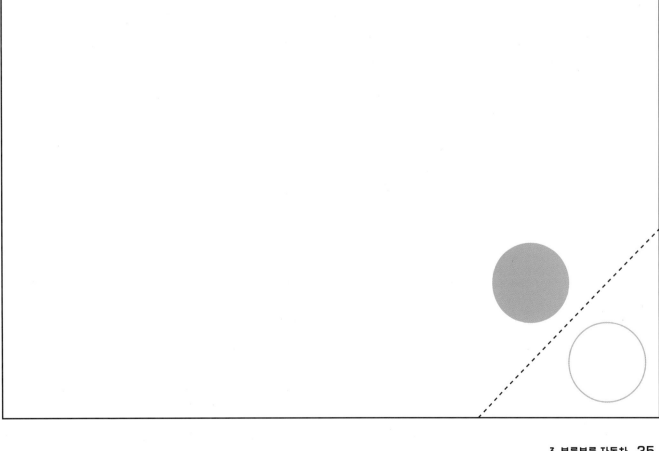

스위치로 깨우는 괴물 카드

학습
목표 스위치 제어 회로를 구성하는 방법을 알고, LED로 빛을 내는
팝업 카드를 만들 수 있습니다.

귀여운 괴물이 튀어 나오는 카드를 만들어 봅시다.

학습 전 ▶ 후 나는?

학습하기 전과 비교하여 학습한 후에 얼마나 더 알게 되었는지 스스로 확인해 봐요.

항목	학습 전	학습 후
1. 스위치 제어 회로를 오류 없이 설계할 수 있다.	😄 🙂 😐	😄 🙂 😐
2. 팝업 카드를 창의적으로 꾸미고 완성할 수 있다.	😄 🙂 😐	😄 🙂 😐
3. 제작한 팝업 카드를 바르게 작동시킬 수 있다.	😄 🙂 😐	😄 🙂 😐

I 우리가 알아야 할 것!

스위치 제어 회로의 특징을 알아보고, 실생활에서 어떻게 사용하는지 살펴봅시다.

🔔 스위치란?

- 스위치는 전류의 흐름을 제어할 수 있는 장치입니다.
- 스위치는 열려 있을 때 전기가 통하지 않고, 닫혀 있을 때 전기가 통합니다.

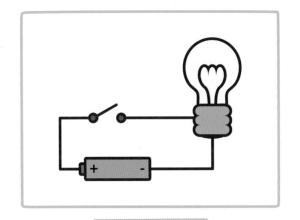

열린 스위치

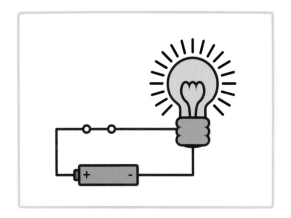

닫힌 스위치

실생활에서 찾아봐요!

우리의 일상생활에서 쉽게 접할 수 있는 스위치는 전자 제품의 전원을 켜거나 끌 때, 또는 조작할 때 주로 사용합니다.

우리 주변에서 발견할 수 있는 스위치의 예시로는 무엇이 있을까요?

 전등 스위치와 리모컨을 떠올려 보세요.

전등을 끄고 켜거나, 여러 가지 전자 기기를 원하는 대로 조작하고 싶을 때 스위치를 사용해요. 리모컨(remote control) 역시 스위치 작동 원리를 이용한 기계입니다.

2 만드는 과정을 살펴볼까요?

활동에 필요한 회로를 설계하고, 도안과 연결해 봅시다.

준비물

도안(부록 155쪽), 색지, 구리 테이프(5mm),
LED 2개, 동전 건전지(CR2032) 1개,
집게 1개, 가위, 칼, 투명 테이프, 풀, 채색 도구

칼을 사용할 때에는
안전사고에 유의하세요.

①

채색 도구를 이용하여 도안 카드 를 채색하고, 오리는
선을 따라 칼이나 가위로 오립니다.

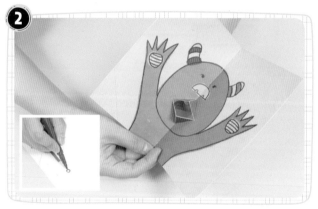

②

접는 선을 따라 도안을 접어서 카드 형태를 만들고,
뒷면 에 LED 위치를 표시합니다.

③

건전지 케이스 를 오려 모양을 만들어 붙이고, 구리
테이프를 붙여 스위치 역할을 하는 구리 테이프 회로
만들기를 시작합니다.

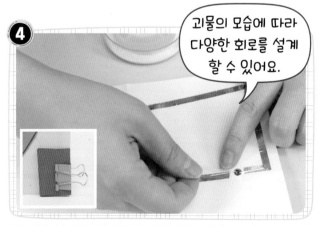

④

괴물의 모습에 따라
다양한 회로를 설계
할 수 있어요.

회로를 설계한 후 동전 건전지를 집게로 집고, LED를
회로 위에 올려 투명 테이프로 붙입니다.

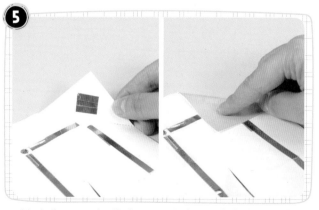

⑤

스위치에도 구리 테이프를 붙이고, 접어서 눌렀을 때
LED가 켜지는지 확인하여 팝업 카드를 완성합니다.

3 괴물 카드를 만들어 볼까요?

열면 괴물이 튀어 나오고, 스위치를 누르면 빛을 내뿜는 카드를 만들어 봅시다.

건전지 케이스(도안 예시)

※ 건전지 케이스 사용법은 10쪽을 참고하세요.

나만의 독특한 괴물의 모습을 상상해서 카드를 꾸며 보세요.

⬤ 동전 건전지 놓는 면

▬ 구리 테이프 붙이는 면

—— 오리는 선

------ 안으로 접는 선

카드(도안 예시)

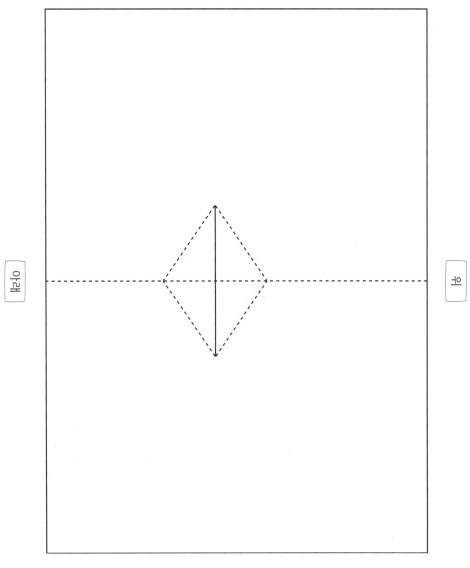

※ 실제 크기 도안(부록 155쪽)을 사용하세요.

LED가 빛날 위치에 맞춰
자유롭게 스위치 제어 회로를
설계해 보세요.

뒷면(도안 예시)

그림을 색칠하고 스위치를 눌러 터뜨릴 불꽃을 선택한 후, 뒷면에 스위치 제어 회로를 설계하여 작품을 완성해 봅시다.

※ 앞면 LED 위치에 구멍을 뚫어 주세요.

크레파스로 칠한 곳에 다른 색을 덧칠한 다음, 뾰족한 도구로 긁어 그림을 그리는 스크래치 기법을 활용해 보세요.

앞면

나만의 프로젝트!

회로 설계

41쪽에 그린 그림에 맞춰 LED의 위치를 정하고, 회로를 설계해 봅시다.

● 동전 건전지 놓는 면

------ 안으로 접는 선

뒷면

> 학습
> 목표 슬라이드 스위치 제어 회로를 구성하는 방법을 알고, LED로 별빛이
> 빛나는 그림을 창의적으로 만들 수 있습니다.

◎ 밤하늘을 주제로 한 명화에 별빛을 밝혀 봅시다.

고흐의 '별이 빛나는 밤에'라는 작품이야!

학습 전 → 후 나는?

학습하기 전과 비교하여 학습한 후에 얼마나 더 알게 되었는지 스스로 확인해 봐요.

항목	학습 전			학습 후		
1. 슬라이드 스위치 제어 회로를 오류 없이 설계할 수 있다.	😄	🙂	😐	😄	🙂	😐
2. 그림을 창의적으로 꾸미고 완성할 수 있다.	😄	🙂	😐	😄	🙂	😐
3. 제작한 별빛이 빛나는 그림을 바르게 작동시킬 수 있다.	😄	🙂	😐	😄	🙂	😐

1 우리가 알아야 할 것!

슬라이드 스위치의 특징을 알아보고, 실생활에서 어떻게 사용하는지 살펴봅시다.

슬라이드 스위치란?

- 활동4에서 익힌 스위치와 같은 원리입니다.
- 슬라이드 스위치는 손가락으로 스위치를 밀었을 때 전기가 통하는 장치입니다.

슬라이드 스위치

손가락 위치에 따라 한 개의
LED가 켜졌다 꺼지는 회로

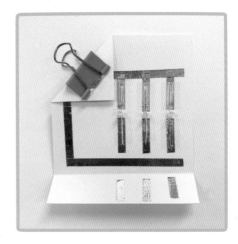

손가락 위치에 따라 특정 구간의
LED가 켜졌다 꺼지는 회로

실생활에서 찾아봐요!

슬라이드 스위치는 주로 슬라이드를 밀면서 전자
제품이 다른 동작을 하도록 할 때 많이 사용합니다.
그렇다면 우리 주변에서 발견할 수 있는 슬라이드
스위치 활용 예시로는 무엇이 있을까요?

 천장에 설치되어 있는 팬을 떠올려 보세요.
슬라이드 스위치를 밀거나 당기면 팬의 회전 속도나
전등의 밝기를 조절할 수 있어요.

ㄹ 만드는 과정을 살펴볼까요?

활동에 필요한 회로를 설계하고, 도안과 연결해 봅시다.

준비물

도안(교재 47쪽), 구리 테이프(5mm), LED 4개,
동전 건전지(CR2032) 1개, 집게 1개, 가위, 칼,
투명 테이프, 채색 도구

①

> 칼을 사용할 때에는
> 안전사고에 유의하세요.

채색 도구를 이용하여 도안 앞면을 채색하고, 오리는
선을 따라 가위로 오립니다.

②

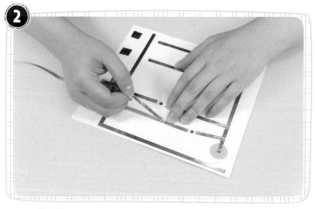

도안 뒷면에 있는 회색 선을 따라서 구리 테이프를
반듯하게 붙입니다.

③

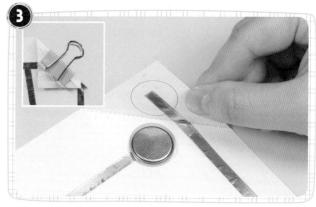

접는 선을 따라 도안을 접었다 편 후, 동전 건전지를
극성에 맞게 놓고 종이를 다시 접어 집게로 집습니다.

④

도안 뒷면의 ● 모양을 칼이나 펜으로 뚫고, LED를
회로 위에 올려 투명 테이프로 붙입니다.

⑤

슬라이드 스위치에도 구리 테이프를 붙이고, 접어서
누르고 밀었을 때 LED가 켜지는지 확인한 후
마무리하여 그림을 완성합니다.

3 빛나는 그림을 만들어 볼까요?

슬라이드 스위치를 밀면 별이 반짝반짝 빛나는 그림을 만들어 봅시다.

앞면

——— 오리는 선

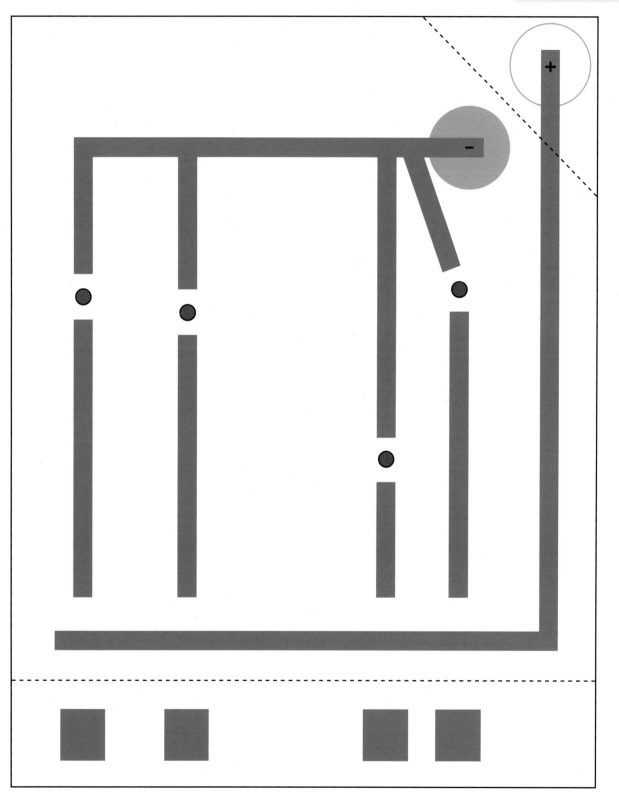

LED 위치
동전 건전지 놓는 면
구리 테이프 붙이는 면
———— 오리는 선
------ 안으로 접는 선

+
-

나만의 프로젝트!

그리기

공룡이 나무를 향해 불을 내뿜는 것처럼 보이도록 뒷면 에 슬라이드 스위치 제어 회로를 설계하여 작품을 완성해 봅시다.

※ 앞면 LED 위치에 구멍을 뚫어 주세요.

작은 네모 칸을 하나하나 색칠해서 완성하는 픽셀 아트 그림이에요.

앞면

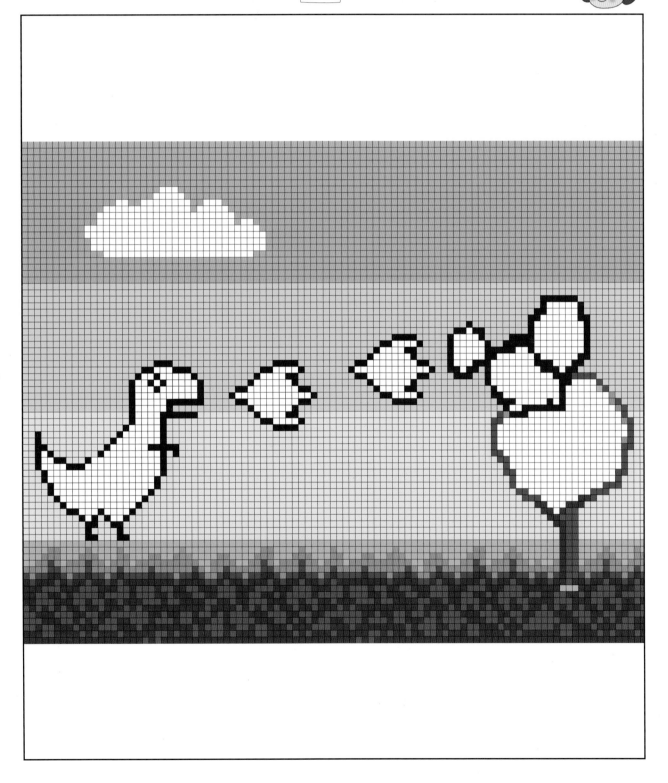

나만의 신비한 동물

학습
목표 버저 제어 회로를 구성하는 방법을 알고, 소리를 내는 상상의 동물을
창의적으로 만들 수 있습니다.

◎ 버튼을 누르면 빛과 소리를 내는 상상의 동물을 만들어 봅시다.

으르릉~ 나는 행운의
동물 해태야!

학습 전 → 후 나는?

학습하기 전과 비교하여 학습한 후에 얼마나 더 알게 되었는지 스스로 확인해 봐요.

항목	학습 전	학습 후
1. 버저 제어 회로를 오류 없이 설계할 수 있다.	😄 😊 😐	😄 😊 😐
2. 상상의 동물 그림을 창의적으로 꾸미고 완성할 수 있다.	😄 😊 😐	😄 😊 😐
3. 제작한 상상의 동물 그림을 바르게 작동시킬 수 있다.	😄 😊 😐	😄 😊 😐

1 우리가 알아야 할 것!

버저의 특징을 알아보고, 실생활에서 어떻게 사용하는지 살펴봅시다.

 버저란?

- 피에조 버저는 피에조(piezo: 얇은 금속판)의 미세한 떨림으로 소리를 내는 장치입니다.
- 두 개의 핀 중 긴 쪽이 ⊕극, 짧은 쪽이 ⊖극입니다.
- 버저는 직렬 연결과 병렬 연결이 모두 가능합니다.

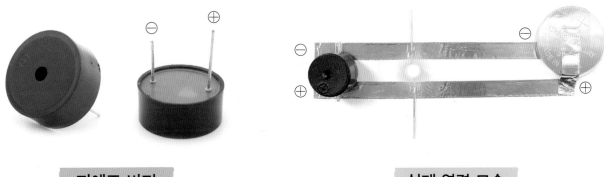

피에조 버저　　　　　　**실제 연결 모습**

실생활에서 찾아봐요!

　　피에조 버저로는 주로 경고음, 알람, 멜로디 소리를 냅니다. 그렇다면 우리 주변에서 발견할 수 있는 피에조 버저 활용 예시로는 무엇이 있을까요?

아기 장난감을 떠올려 보세요.

솔솔 라라 솔솔 미~ 투박하고 단순한 멜로디가 흘러나오는 아기 장난감을 본 적이 있나요? 버저는 가볍고 사용이 단순해서 아기 장난감뿐만 아니라 버스 하차벨, 휴대용 게임기 등 다양한 곳에 활용됩니다.

2 만드는 과정을 살펴볼까요?

활동에 필요한 회로를 설계하고, 도안과 연결해 봅시다.

준비물

도안(부록 157쪽), 구리 테이프(5mm),
LED 2개, 버저 1개, 동전 건전지(CR2032) 1개,
집게 1개, 가위, 칼, 투명 테이프, 채색 도구

❶ 채색 도구를 이용하여 도안 앞면을 채색하고, 오리는 선을 따라 가위로 오립니다.

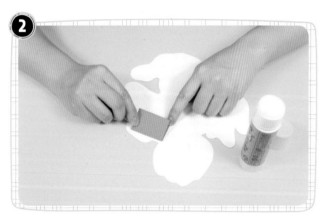

❷ 건전지 케이스를 오려 모양을 만들어 붙이고, 구리 테이프 회로 만들기를 시작합니다.

❸ 도안 뒷면의 회색 선을 따라서 구리 테이프를 붙인 후, 동전 건전지를 극성에 맞게 놓고 집게로 집습니다.

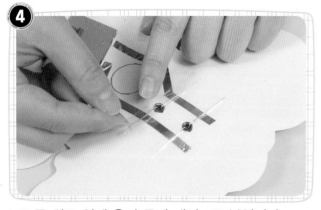

❹ LED를 회로 위에 올려 투명 테이프로 붙입니다.

❺ 버저도 LED와 마찬가지로 극성을 맞춰 회로 위에 올리고, 투명 테이프로 붙여 작품을 완성합니다.

③ 상상의 동물 해태를 만들어 볼까요?

눈에서 빛을 내뿜으며, 날카로운 소리를 내는 해태를 만들어 봅시다.

조선시대 말에는 화재나 나쁜 일을 물리치기 위해 해태 석상으로 궁궐을 장식했다고 해요.

건전지 케이스(도안 예시)

동전 건전지 놓는 면

구리 테이프 붙이는 면

—— 오리는 선

------ 안으로 접는 선

앞면(도안 예시)

※ 실제 크기 도안(부록 157쪽)을 사용하세요.

LED 위치

동전 건전지 놓는 면

구리 테이프 붙이는 면

건전지 케이스 붙이는 면

버저 놓는 면

뒷면

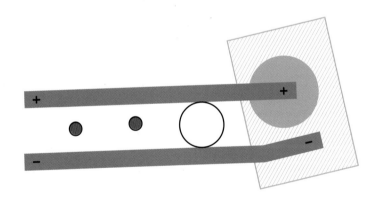

나만의 프로젝트!

그리기

세상에 없는 나만의 신비한 동물을 그리고 채색한 후, 버저와 LED를 제어하는 회로를 설계하여 작품을 완성해 봅시다.

1 부분별로 어떤 동물을 조합하여 나만의 신비한 동물을 그릴 것인지 표에 적고, 불을 뿜을 위치에 동그라미표를 해 보세요.

머리	몸통	팔다리	입

2 동물의 모습을 상상하여 그려 보세요.

앞면   ※ 앞면 LED 위치에 구멍을 뚫어 주세요.

나만의 프로젝트!

회로 설계

57쪽에 그린 그림에 맞춰 버저와 LED의 위치를 정하고, 회로를 설계해 봅시다.

뒷면

세계의 상상 동물

해태

해태는 사람의 마음속을 들여다보고 잘잘못을 판단하여 안다고 하는 동아시아의 상상 동물입니다.

생김새는 머리에 큰 갈기가 있어 마치 사자 같으며, 몸통은 큰 소와 같습니다. 이마에는 큰 뿔이 있는데, 이 뿔로 악한 사람을 받아버린다고 합니다.

오늘날에도 선한 사람과 악한 사람을 구분하는 해태의 능력 때문에 우리나라 국회의사당과 대검찰청 등 법을 집행하는 기관 건물 앞에 해태상이 세워져 있습니다.

유니콘

유니콘은 바른 행실과 순수한 마음을 상징하는 유럽의 상상 동물입니다.

생김새는 말과 아주 비슷하지만, 이마에 한 개의 뿔이 있으며 몸빛은 하얗다는 특징이 있습니다.

스핑크스

지나가는 행인에게 수수께끼를 내어 풀지 못하면 잡아먹어버려 사람들을 공포에 떨게 한 그리스 설화에 등장하는 상상의 동물입니다.

사자의 몸통에 인간 여성의 머리, 새의 날개와 뱀의 꼬리가 달려 있는 동물로 주로 묘사됩니다.

이집트에는 엎드린 사자와 같은 모습으로 피라미드 앞을 지키고 있는 거대한 스핑크스 상을 발견할 수 있습니다.

Part 2 응용편

기본편에서 배운 전기 회로를 응용하여 좀 더 다양한 형태의 미술 작품을 만드는 방법을 배웁니다. 자신의 아이디어를 더해 재미있고 창의적인 디지털 아트 작품을 만들어 볼 수 있습니다.

7 내 기분을 알아주는 전등

학습목표 LED를 제어하는 회로를 활용하여 테셀레이션 전등을 창의적으로 만들 수 있습니다.

다양하게 빛이 나는 전등을 만들어 봅시다.

> 아름다운 전등으로 어두운 방을 환하게 밝혀 봐!

학습 전 → 후 나는?

학습하기 전과 비교하여 학습한 후에 얼마나 더 알게 되었는지 스스로 확인해 봐요.

항목	학습 전			학습 후		
1. 전등을 제어하는 회로를 오류 없이 설계할 수 있다.	😄	🙂	😐	😄	🙂	😐
2. 전등을 창의적으로 꾸미고 완성할 수 있다.	😄	🙂	😐	😄	🙂	😐
3. 제작한 전등을 바르게 작동시킬 수 있다.	😄	🙂	😐	😄	🙂	😐

1 만드는 과정을 살펴볼까요?

전등 LED를 제어하는 회로를 설계하고, 도안과 연결해 봅시다.

준비물

도안(부록 161쪽), 구리 테이프(5mm),
LED 6개(빨간색 2개, 초록색 2개, 파란색 2개),
동전 건전지(CR2032) 3개, 집게 3개,
투명 테이프

161쪽 [전등 받침] 도안을 오린 후, 접는 선을 따라 접었다가 펴서 준비합니다.

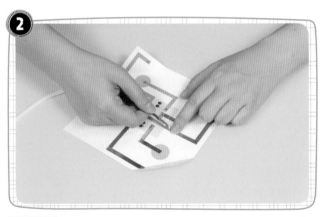

[전등 받침]의 회색 선을 따라서 구리 테이프를 반듯하게 붙입니다.

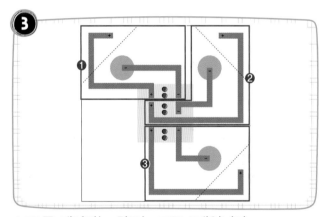

LED를 제어하는 회로는 모두 3개입니다.

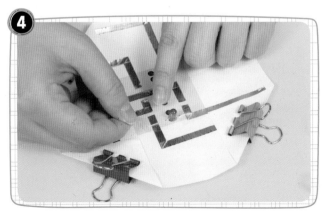

동전 건전지 3개를 각각 극성에 맞게 놓고 접는 선을 따라 접은 후 집게로 고정합니다. LED를 색깔별로 회로 위에 올리고 투명 테이프로 붙입니다.

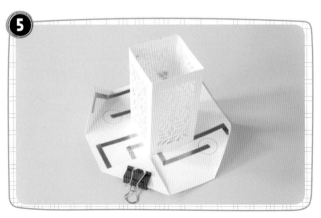

LED가 잘 켜지는지 확인한 후 회로 제작을 마무리 합니다.

2 전등갓은 이렇게!

다양한 미술 기법을 활용하여 도안을 꾸미고, 회로와 연결해 봅시다.

도안(부록 159쪽), 기름종이, 가위, 칼, 자,
투명 테이프, 채색 도구

1

159쪽 전등갓 도안을 오린 후, 접는 선을 따라 접었
다가 펴서 준비합니다.

2

칼을 사용할 때에는
안전사고에 유의하세요.

사각형 실선 안에 테셀레이션을 그리고, LED를 켰을
때 어떤 모양새가 될지를 고려하여 칼로 무늬를
오려냅니다.

3

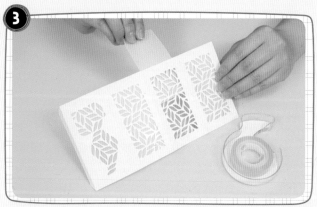

은은한 조명 효과를 주기 위해 전등갓 안쪽에 기름
종이를 덧댑니다.

4

전등갓에 풀칠하여 사각 기둥 형태를 만듭니다.

5

전등 받침 회로 위에 전등갓을 올려 전등을 완성합니다.

3 종이 전등을 만들어 볼까요?

1. 테셀레이션을 그려 넣고, 무늬를 오려내어 전등갓을 만들어 봅시다.

> 테셀레이션은 같은 모양의 도형을 틈이나 겹침이 없이 늘어놓아 공간을 메꾸는 미술 기법이에요.

—— 오리는 선

–––– 밖으로 접는 선

///// 풀칠하는 면

전등갓(도안 예시)

테셀레이션 예시

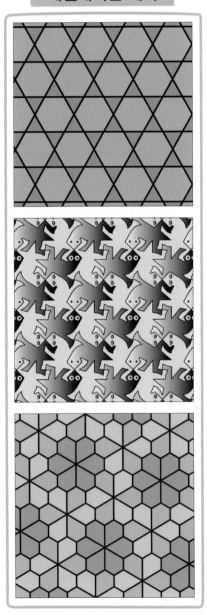

※ 실제 크기 도안(부록 159쪽)을 사용하세요.

2. 전등 받침에 회로를 설계한 후, LED가 잘 켜지는지 확인해 봅시다.

1 63쪽 ┌ 전등 받침 ┐에 회로를 설계하는 과정을 살펴봅니다.

2 3개의 LED(빨강, 초록, 파랑)를 각각 2개씩 붙여 빛의 삼원색(3색 RGB) 원리를 알아봅니다.

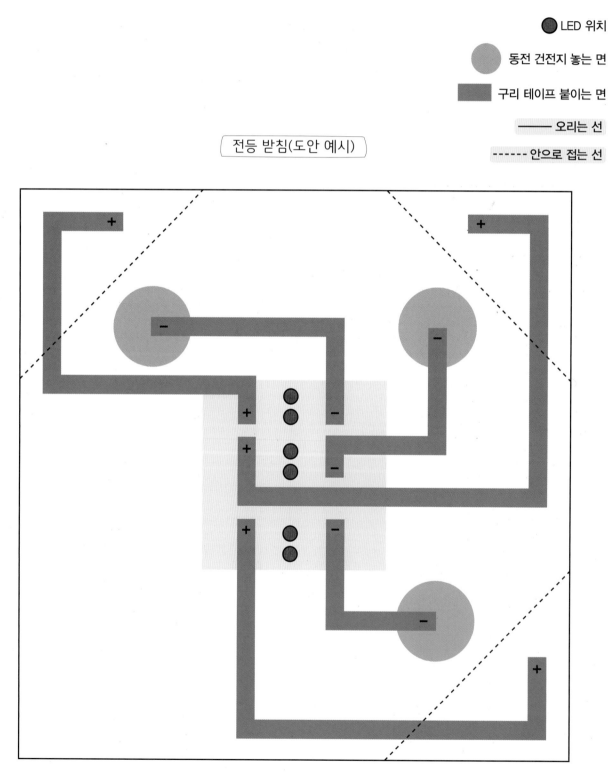

※ 실제 크기 도안(부록 161쪽)을 사용하세요

3. 빛의 삼원색을 조사하여 다음 물음에 답해 보세요.

1 빛의 삼원색에 대해 조사하고, 빈칸을 채워 보세요.

빛의 삼원색은 빨강 , 초록 , 파랑 입니다.

이 세 가지 색은 서로 섞을수록 밝아집니다. 이를 가산 혼합 또는 '색광의 혼합'이라고 합니다.

위 그림에서 확인할 수 있듯이 빛의 삼원색을 혼합하면 좀 더 밝은 색으로 표현돼요.

빨강 + 초록 = 노랑(Yellow)   파랑 + 빨강 = 마젠타(Magenta)

초록 + 파랑 = 시안(Cyan)   빨강 + 초록 + 파랑 = 하양(White)

2 기분에 따라 어떤 색의 LED를 켤 것인지 정하고, 이유를 적어 보세요.

기분	LED 색	색을 선택한 이유
예 우울	예 노란색	예 우울할 때 전등을 켜놓으면 상큼한 레몬이 떠올라 기분 전환이 될 것 같다.
( )	( )	
( )	( )	
( )	( )	
( )	( )	

8 카네이션 브로치

학습
목표
LED를 제어하는 회로를 활용하여 카네이션 브로치를 창의적으로
만들 수 있습니다.

◉ 감사하는 마음이 듬뿍 담긴 카네이션 브로치를 만들어 봅시다.

학습 전 ▶ 후 나는?

학습하기 전과 비교하여 학습한 후에 얼마나 더 알게 되었는지 스스로 확인해 봐요.

항목	학습 전			학습 후		
1. 카네이션 브로치를 제어하는 회로를 오류 없이 설계할 수 있다.	😄	😃	🙂	😄	😃	🙂
2. 카네이션 브로치를 창의적으로 꾸미고 완성할 수 있다.	😄	😃	🙂	😄	😃	🙂
3. 제작한 카네이션 브로치를 바르게 작동시킬 수 있다.	😄	😃	🙂	😄	😃	🙂

1 만드는 과정을 살펴볼까요?

브로치 LED를 제어하는 회로를 설계하고, 도안과 연결해 봅시다.

준비물

흰 도화지, 구리 테이프(5mm), LED 1개,
동전 건전지(CR2032) 1개, 투명 테이프, 칼

1

70쪽을 참고하여 리본까지 모두 붙인 상태의 카네이션 브로치를 준비합니다.

2

회로를 만들기 위해 카네이션 브로치 뒷면에 적절한 크기의 흰 도화지를 잘라 풀로 붙입니다.

3

> 칼이나 송곳을 사용할 때에는 안전사고에 유의하세요.

카네이션 브로치 뒷면 중앙에 칼이나 송곳으로 LED 구멍을 뚫습니다.

4

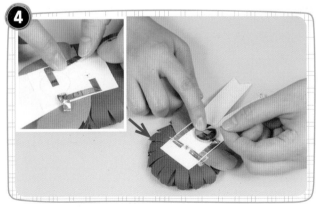

구리 테이프를 붙여 회로를 만들고 동전 건전지와 LED를 각각 연결한 후, 투명 테이프로 붙입니다.

5

LED가 잘 켜지는지 확인한 후 회로 제작을 마무리 합니다.

∠ 카네이션 브로치는 이렇게!

다양한 미술 기법을 활용하여 도안을 꾸미고, 회로와 연결해 봅시다.

도안(교재 71, 73쪽), 색지(꽃잎, 이파리, 리본 만들기용), 가위, 칼, 풀, 투명 테이프, 필기도구

①

71, 73쪽 꽃잎 과 이파리 도안 예시를 참고하여 색지를 잘라 준비합니다.

②

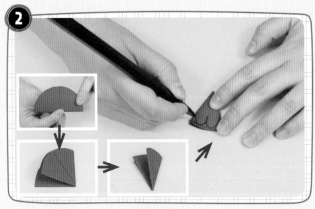

꽃잎 도안을 각각 3번씩 접은 후, 한 면에 꽃잎을 그립니다.

③

꽃잎을 그린 모양대로 테두리를 오립니다.

④

> 볼펜이나 연필로 꽃잎을 말아 모양을 다듬어 줍니다.

가장 큰 꽃잎을 맨 아래에 두고 가운데 풀칠하여 크기순대로 붙입니다.

⑤

이파리와 리본을 붙여 마무리한 후, 69쪽의 회로 만들기를 시작합니다.

3 카네이션 브로치를 만들어 볼까요?

꽃잎을 큰 순서대로 겹쳐 붙여 풍성한 카네이션을 만들어 봅시다.

—— 오리는 선

꽃잎을 어떻게 그리느냐에 따라 다양한 종류의 꽃을 만들 수 있어요.

꽃잎(도안 예시)

꽃잎(도안 예시)

이파리(도안 예시)

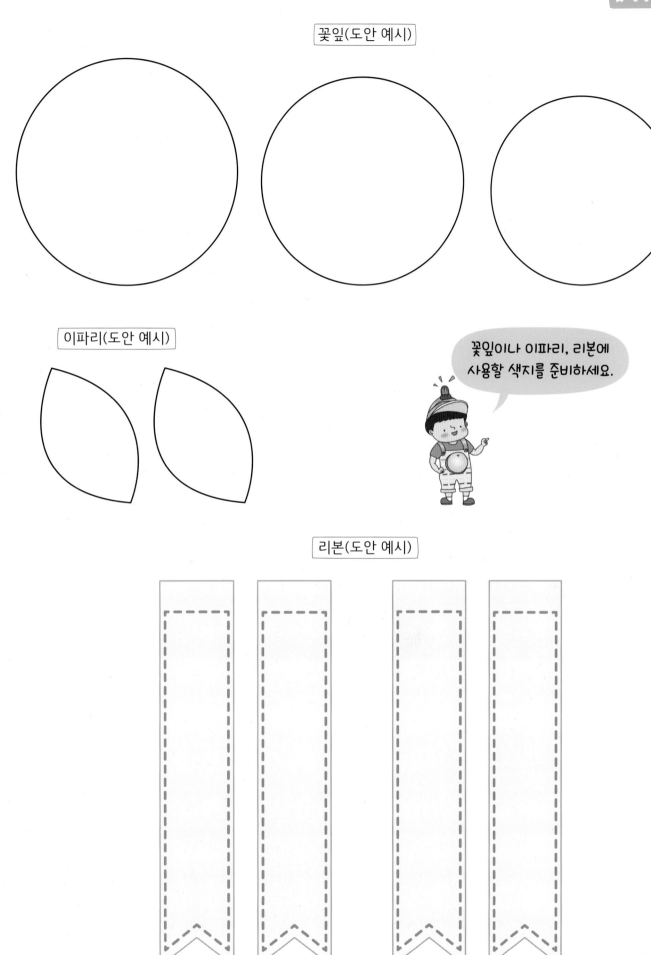

꽃잎이나 이파리, 리본에
사용할 색지를 준비하세요.

리본(도안 예시)

빛나는 조이트로프

LED를 제어하는 회로를 활용하여 애니메이션의 원리를 알 수 있는 장치를 창의적으로 만들 수 있습니다.

◎ 멈춰 있는 그림을 반짝이며 움직이게 만들어 봅시다.

학습 전 → 후 나는?

학습하기 전과 비교하여 학습한 후에 얼마나 더 알게 되었는지 스스로 확인해 봐요.

항목	학습 전			학습 후		
1. 조이트로프를 제어하는 회로를 오류 없이 설계할 수 있다.	😄	🙂	😐	😄	🙂	😐
2. 조이트로프를 창의적으로 꾸미고 완성할 수 있다.	😄	🙂	😐	😄	🙂	😐
3. 제작한 조이트로프를 바르게 작동시킬 수 있다.	😄	🙂	😐	😄	🙂	😐

☆ 1 만드는 과정을 살펴볼까요?

조이트로프 LED를 제어하는 회로를 설계하고, 도안과 연결해 봅시다.

 준비물

도안(부록 163쪽), 구리 테이프(5mm),
LED 여러 개, 동전 건전지(CR2032) 여러 개,
집게 1개, 투명 테이프, 필기도구

①

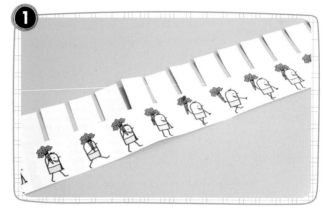

76쪽의 만들기 과정을 참고하여 163쪽 도안 안쪽에
연속 그림을 그리고 채색까지 마친 벽1, 벽2 를 준비
합니다.

②

벽 안쪽에 그린 연속 그림에서 어느 곳에 빛이 나게
할 것인지 계획하고, 이에 맞춰 필기도구로 회로를
그립니다.

③

회로를 따라서 구리 테이프를 반듯하게 붙입니다.

④

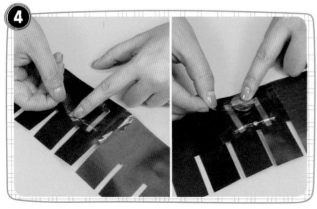

LED와 동전 건전지를 극성에 맞게 놓고, 투명 테이프로
붙입니다.

⑤

LED가 잘 켜지는지 확인한 후 회로 제작을 마무리
합니다.

2 조이트로프는 이렇게!

다양한 미술 기법을 활용하여 도안을 꾸미고, 회로와 연결해 봅시다.

준비물

도안(부록 163쪽), 두꺼운 골판지(택배 상자), 컴퍼스, 송곳이나 칼, 수수깡이나 빨대(조이트로프 손잡이용), 가위, 투명 테이프, 글루 건, 채색 도구

163쪽 벽1 과 벽2 도안을 모양대로 오려, 투명 테이프로 이어붙이고, 안쪽에 그림을 그려 그림띠를 만듭니다.

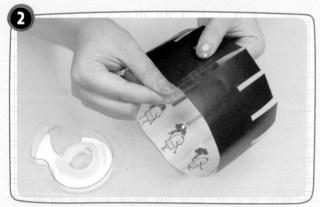

75쪽 회로 만들기 과정을 따라 회로를 설계한 후, 투명 테이프를 붙여 원통형을 만듭니다.

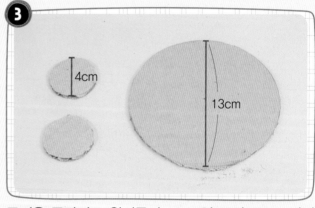

두꺼운 골판지로 원지름이 13cm인 조이트로프 바닥 1개와 원지름이 4cm인 연결링 2개를 만듭니다.

글루 건과 송곳을 사용할 때에는 안전사고에 유의하세요.

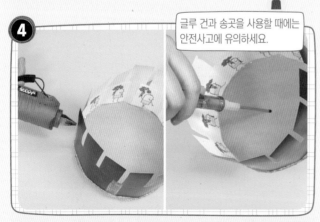

벽 도안과 조이트로프 바닥을 글루 건으로 붙여 형태를 만들고, 송곳으로 조이트로프 바닥 중앙에 구멍을 뚫습니다.

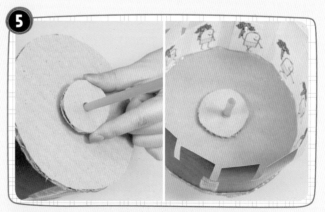

바닥에 뚫은 구멍에 손잡이를 끼운 후, 글루 건으로 2개의 연결링을 바닥 위아래에 고정하여 조이트로프를 완성합니다.

3 조이트로프를 만들어 볼까요?

1. 벽 안쪽에 그림을 그려 넣고 잘라 조이트로프를 만들어 봅시다.

조이트로프(zoetrope)는 일정한 간격으로 틈새가 갈라져 있는 원기둥 모양의 장치입니다. 원기둥을 빠르게 회전시키면서 바깥 틈새로 내부를 들여다보면 그림이 움직이는 것 같은 착시를 일으킵니다.

벽1(도안 예시)

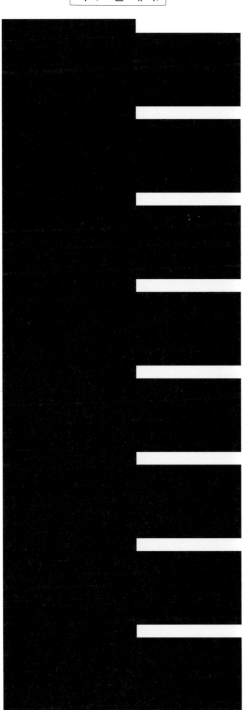

벽2(도안 예시)

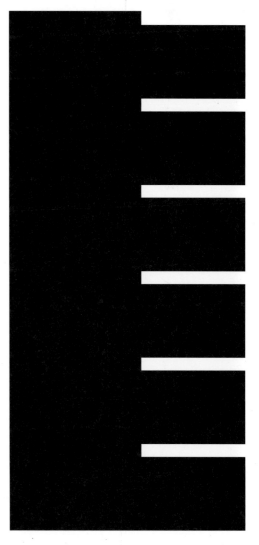

※ 실제 크기 도안(부록 163쪽)을 사용하세요.

2. 아래 제시한 다양한 그림띠 예시를 참고하여, 나만의 독창적인 조이트로프를 만들어 보세요.

10 나의 이야기 터널북

학습 목표 LED를 제어하는 회로를 활용하여 터널북을 창의적으로 만들 수 있습니다.

나의 이야기를 들여다볼 수 있는 터널북을 만들어 봅시다.

안녕!

나의 이야기를 들려줄게요.

학습 전 → 후 나는?

학습하기 전과 비교하여 학습한 후에 얼마나 더 알게 되었는지 스스로 확인해 봐요.

항목	학습 전	학습 후
1. 터널북을 제어하는 회로를 오류 없이 설계할 수 있다.	😊 😀 😐	😊 😀 😐
2. 터널북을 창의적으로 꾸미고 완성할 수 있다.	😊 😀 😐	😊 😀 😐
3. 제작한 터널북을 바르게 작동시킬 수 있다.	😊 😀 😐	😊 😀 😐

1 만드는 과정을 살펴볼까요?

터널북 LED를 제어하는 회로를 설계하고, 도안과 연결해 봅시다.

 준비물

도안(부록 169쪽), 구리 테이프(5mm),
LED 3개, 동전 건전지(CR2032) 1개,
집게 1개, 투명 테이프

1

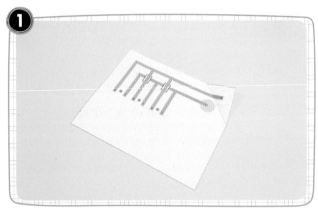

169쪽 [터널북 받침] 도안을 오린 후, 접는 선을 따라
접었다가 펴서 준비합니다.

2

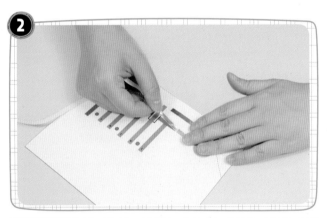

[터널북 받침] 의 회색 선을 따라서 구리 테이프를
반듯하게 붙입니다.

3

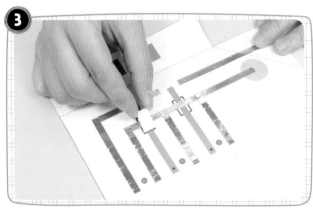

회로에서 ⊕극과 ⊖극이 서로 맞물리지 않도록 종이나
투명 테이프를 덧대어 구리 테이프를 붙입니다.

4

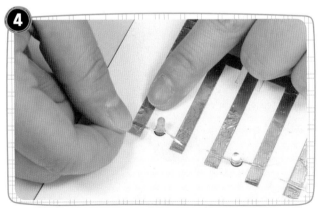

3개의 LED를 회로 위에 올려 투명 테이프로 붙입
니다.

5

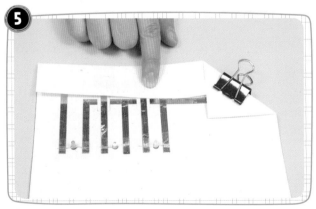

3개의 LED가 잘 켜지는지 확인한 후 회로 제작을
마무리합니다.

⭐2 터널북은 이렇게!

다양한 미술 기법을 활용하여 도안을 꾸미고, 회로와 연결해 봅시다.

준비물

도안(부록 165, 167쪽), 가위, 칼, 풀,
투명 테이프, 사진, 채색 도구

①
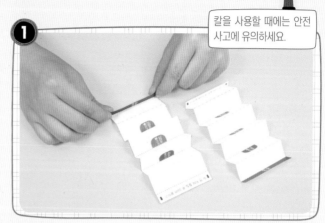

> 칼을 사용할 때에는 안전 사고에 유의하세요.

165쪽 `벽1` 과 `벽2` 도안을 모양대로 오리고, 접는 선을 따라 접어서 아코디언 형태를 만듭니다.

②

167쪽 `중간` 도안을 모양대로 오려 색칠한 후, 미리 오려둔 사진을 활용하여 꼴라주 기법으로 꾸밉니다.

③

사진 콜라주 기법을 사용할 때에는 각 장면이 서로 겹쳐서 보이지 않는 부분이 발생하지 않도록 합니다.

④
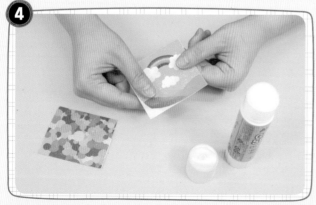

167쪽 `앞` 과 `뒤` 도안을 오려 색칠한 후, 점선을 따라 접어 마주보는 면을 풀칠하여 붙입니다. `뒤` 도안에는 구멍을 뚫어 줍니다.

⑤
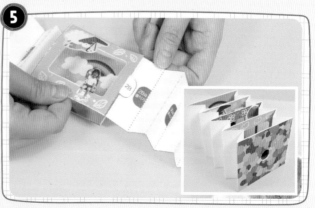

도안에 적혀 있는 번호에 맞춰 `벽` 과 `앞`, `뒤`, `중간` 을 풀로 붙여서 조립하여 터널북을 완성합니다.

ㅌ 터널북을 만들어 볼까요?

1. 나의 사진을 콜라주하여 입체적인 이야기 터널북을 만들어 봅시다.

—— 오리는 선

------ 안으로 접는 선

— ― 밖으로 접는 선

■ 풀칠하는 면

콜라주는 사진이나 이미지,
천 등 여러 가지 재료를 붙여
화면을 구성하는 기법입니다.

| 콜라주 예시 | 벽1(도안 예시) | 벽2(도안 예시) |

1A와 붙이기

1B와 붙이기

2A와 붙이기

2B와 붙이기

3A와 붙이기

3B와 붙이기

4A와 붙이기

4B와 붙이기

↓ 이 면 뒤에 풀칠 후 5A에 붙이기 ↓

↓ 이 면 뒤에 풀칠 후 5B에 붙이기 ↓

※ 실제 크기 도안(부록 165쪽)을 사용하세요

82쪽을 참고하여
중간 도안에 콜라주 기법으로
나의 이야기를 꾸며 보세요.

———— 오리는 선
————— 밖으로 접는 선
■■■ 풀칠하는 면

중간(도안 예시)

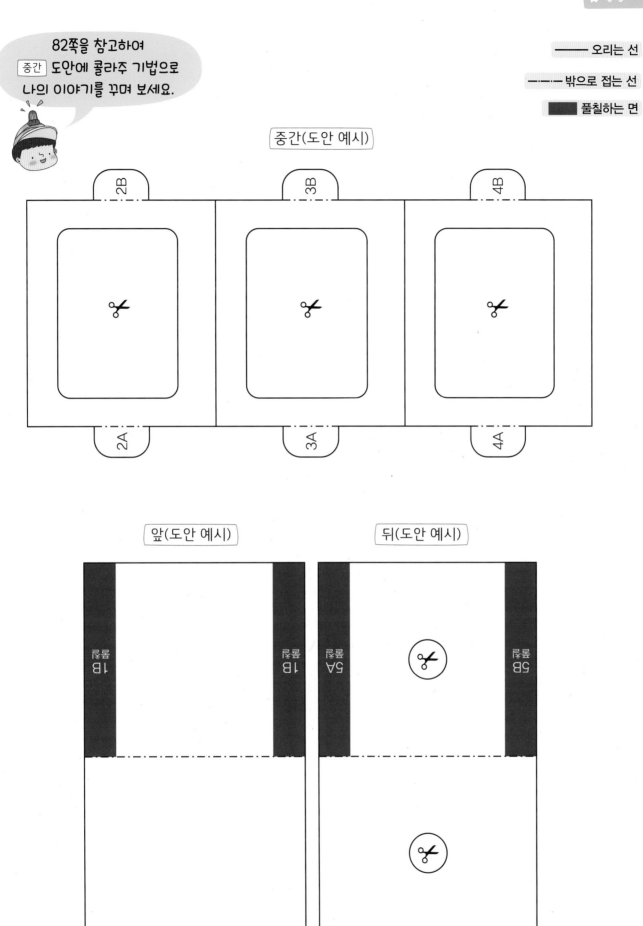

앞(도안 예시)

뒤(도안 예시)

※ 실제 크기 도안(부록 167쪽)을 사용하세요.

2. 터널북 받침에 회로를 설계한 후, LED가 잘 켜지는지 확인해 보세요.

터널북을 회로 위에 세운다고 생각하고, LED의 위치를 고려하여 회로를 만듭니다.

● LED 위치

● 동전 건전지 놓는 면

▬ 구리 테이프 붙이는 면

—— 오리는 선

------ 안으로 접는 선

터널북 받침(도안 예시)

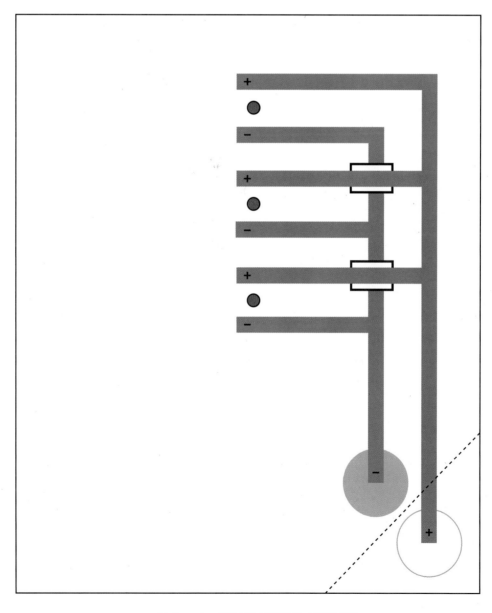

※ 실제 크기 도안(부록 169쪽)을 사용하세요.

11 슬라이드 카드

학습목표 LED와 슬라이드 스위치를 제어하는 회로를 활용하여 빛이 나는 카드를 창의적으로 만들 수 있습니다.

밀어서 LED를 켜고 끄는 재미있는 카드를 만들어 봅시다.

학습 전 ▶ 후 나는?

학습하기 전과 비교하여 학습한 후에 얼마나 더 알게 되었는지 스스로 확인해 봐요.

항목	학습 전			학습 후		
1. 카드를 제어하는 회로를 오류 없이 설계할 수 있다.	😄	🙂	😐	😄	🙂	😐
2. 카드를 창의적으로 꾸미고 완성할 수 있다.	😄	🙂	😐	😄	🙂	😐
3. 제작한 카드를 바르게 작동시킬 수 있다.	😄	🙂	😐	😄	🙂	😐

I 만드는 과정을 살펴볼까요?

슬라이드 카드 LED를 제어하는 회로를 설계하고, 도안과 연결해 봅시다.

준비물

도안(부록 173쪽), 구리 테이프(5mm),
LED 1개, 동전 건전지(CR2032) 1개,
집게 1개, 투명 테이프

❶

173쪽 카드2 도안을 모양대로 오린 후, 주제에 맞게
바탕 그림을 그리고 채색하여 준비합니다.

❷

카드2 의 회색 선을 따라서 구리 테이프를 반듯하게
붙이고, 동전 건전지와 LED를 극성에 맞게 연결합니다.

❸

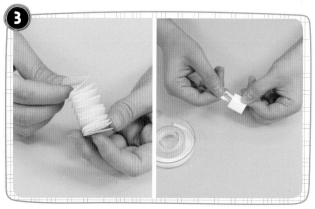

종이를 아코디언처럼 접어 두꺼운 정사각형 (2×2cm)
슬라이더를 만들고, 투명 테이프로 감쌉니다.

❹

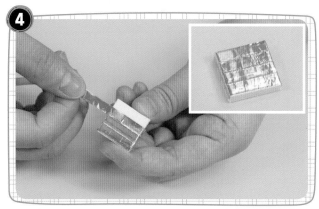

오른쪽 상단 그림과 같이 슬라이더 바닥에 구리
테이프를 빈틈없이 붙입니다.

❺

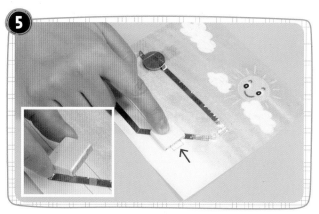

회로의 비어 있는 부분(화살표 표시)에 슬라이더를
가져다 대었을 때 LED가 잘 켜지는지 확인한 후 도안
만들기를 시작합니다.

2 슬라이드 카드는 이렇게!

다양한 미술 기법을 활용하여 도안을 꾸미고, 회로와 연결해 봅시다.

도안(부록 171, 173쪽), 가위, 칼, 풀,
폼 양면테이프, 투명 테이프, 채색 도구

1

칼을 사용할 때에는
안전사고에 유의하세요.

카드1 →

오브젝트   카드2

주제에 맞게 171쪽 카드1 과 오브젝트 도안에 그림을
그리고 채색한 후, 모양대로 오립니다. 회로를 설계해
둔 173쪽 카드2 도안도 준비합니다.

2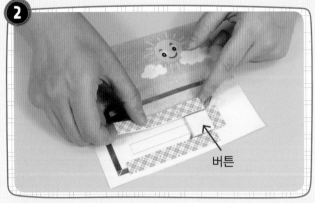

버튼

89쪽에서 만든 슬라이더를 카드2 위에 올리고, 슬라
이더를 좌우로 움직일 수 있도록 폼 양면테이프로
통로를 만듭니다.

3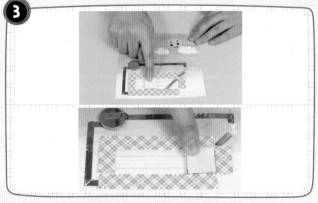

슬라이더를 오른쪽 끝까지 밀었을 때 LED가 잘
켜지는지 확인합니다.

4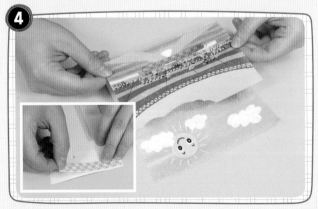

LED가 잘 켜진다면 카드1 뒷면 테두리에 폼 양면
테이프를 붙이고 카드2 위를 덮습니다.

5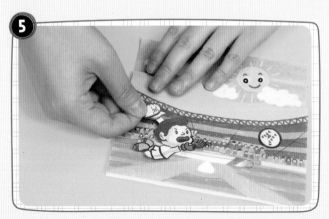

슬라이더 위에 오브젝트 를 붙여 슬라이드 카드를
완성합니다. 이때 슬라이더는 스위치 역할을 합니다.

⑶ 슬라이드 카드를 만들어 볼까요?

1. 자신만의 주제를 살려 독창적인 슬라이드 카드를 만들어 봅시다.

> 슬라이드 카드의 구조를 이해
> 하면, 표현하고 싶은 작품에
> 맞춰 형태와 회로를 자유롭게
> 구성할 수 있어요.

오브젝트(도안 예시)

─── 오리는 선

카드1(도안 예시)

※ 실제 크기 도안(부록 171쪽)을 사용하세요.

2. 회로를 설계한 후, 슬라이더를 밀었을 때 LED가 잘 켜지는지 확인해 보세요.

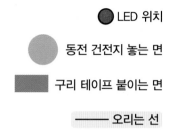

● LED 위치

동전 건전지 놓는 면

구리 테이프 붙이는 면

—— 오리는 선

카드2(도안 예시)

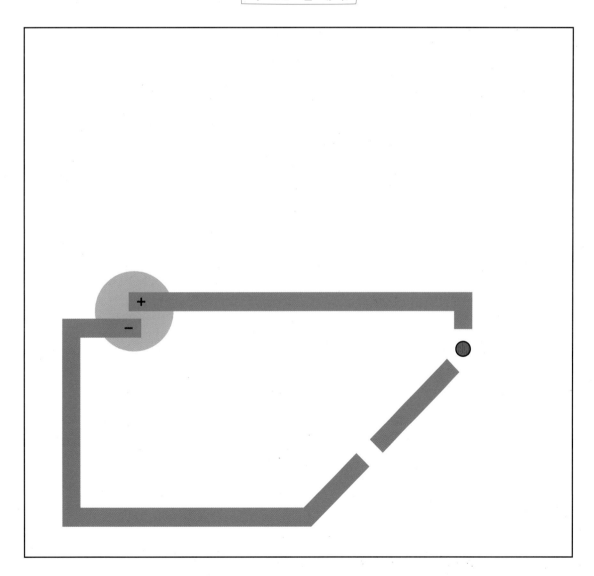

※ 실제 크기 도안(부록 173쪽)을 사용하세요.

12 100% 달성 일일 계획표

학습
목표 LED와 버튼을 제어하는 회로를 활용하여 일일 계획표를 창의적으로 만들 수 있습니다.

● 달성한 목표에 LED 자석을 붙이는 일일 계획표를 만들어 봅시다.

학습 전 ➤ 후 나는?

학습하기 전과 비교하여 학습한 후에 얼마나 더 알게 되었는지 스스로 확인해 봐요.

항목	학습 전	학습 후
1. 일일 계획표를 제어하는 회로를 오류 없이 설계할 수 있다.	😄 🙂 😐	😄 🙂 😐
2. 일일 계획표를 창의적으로 꾸미고 완성할 수 있다.	😄 🙂 😐	😄 🙂 😐
3. 제작한 일일 계획표를 바르게 작동시킬 수 있다.	😄 🙂 😐	😄 🙂 😐

만드는 과정을 살펴볼까요?

자석 스위치로 LED를 켜고 끄는 회로를 설계하고, 도안과 연결해 봅시다.

준비물

도안(부록 177쪽), 구리 테이프(5mm),
LED 5개, 동전 건전지(CR2032) 1개,
원 모양 자석 5개, 집게 1개, 투명 테이프

①

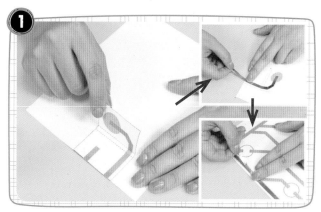

177쪽 [건전지 케이스] 도안을 오려 [계획표 회로] 도안 뒷면에 모양을 만들어 붙이고, 회로 설계를 시작합니다.

②

[계획표 회로]에 회색 선을 따라서 구리 테이프를 반듯하게 붙입니다.

③

LED 연결하는 면(위)   회로에 닿는 면(아래)

원 모양 자석에도 위와 같이 구리 테이프를 위아래로 연결하여 붙여 줍니다.

④

> 자석 밖으로 LED 다리가 삐져나오면, ⊕극과 ⊖극을 구분할 수 있도록 다리를 잘라 주세요.

구리 테이프를 붙인 자석 회로 윗면에 LED를 올리고 투명 테이프로 붙입니다. 이때 구리 테이프는 회로 역할을 합니다.

⑤

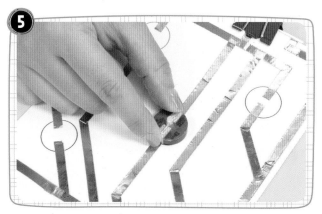

LED 자석을 극성에 맞게 회로에 가져다 대었을 때 LED가 잘 켜지는지 확인한 후 도안 만들기를 시작합니다.

ㄹ 일일 계획표는 이렇게!

다양한 미술 기법을 활용하여 도안을 꾸미고, 회로와 연결해 봅시다.

도안(부록 175쪽), 가위, 칼, 풀, 투명 테이프,
포스트잇, 채색 도구

1 175쪽 `계획표` 도안을 모양대로 오리고 자석 구멍을
뚫은 후, 채색 도구를 이용하여 채색합니다.

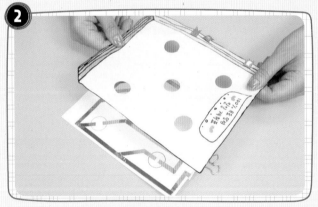

2 95쪽에서 만든 `계획표 회로` 위에 꾸미기를 마친
`계획표`를 자석 구멍에 맞춰 풀로 덧씌워 붙입니다.

> 칼을 사용할 때에는
> 안전사고에 유의하세요.

3 175쪽 `아이콘` 도안을 모양대로 오리고, 가운데에
십자(十)로 칼집을 내어 LED를 끼울 수 있도록
준비합니다.

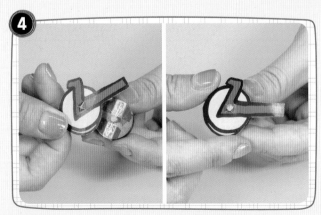

4 95쪽에서 만든 각각의 LED 자석 회로 위에 오려
놓은 `아이콘` 을 위아래를 구분하여 붙입니다.

5 포스트잇에 오늘의 할 일을 적어 일일 계획표에 붙이고,
계획 실천 여부에 알맞게 LED 자석을 붙여 보세요.

3 일일 계획표를 만들어 볼까요?

1. 계획표 도안을 모양대로 오리고 채색하여 일일 계획표를 만들어 봅시다.

계획표(도안 예시)

—— 오리는 선

아이콘(도안 예시)

※ 실제 크기 도안(부록 175쪽)을 사용하세요.

2. 계획표 뒷면에 회로를 설계한 후, LED 자석을 붙였을 때 LED가 잘 켜지는지 확인해 봅시다.

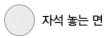

🔴 동전 건전지 놓는 면

🔲 구리 테이프 붙이는 면

——— 오리는 선

------ 안으로 접는 선

⚪ 자석 놓는 면

계획표 회로(도안 예시)

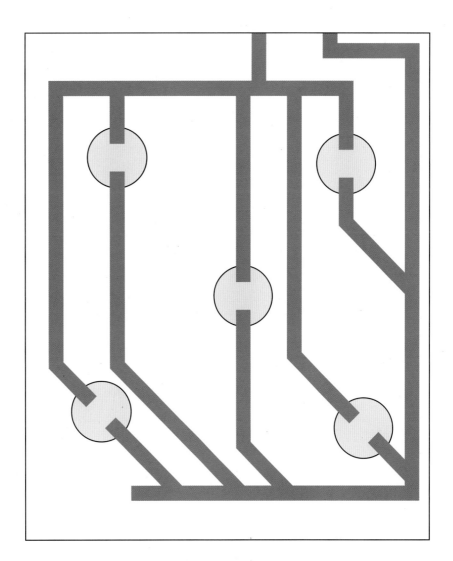

건전지 케이스(도안 예시)

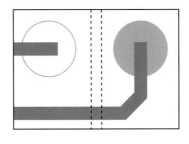

※ 실제 크기 도안(부록 177쪽)을 사용하세요.

13 별자리 이야기

학습 목표 LED와 버튼을 제어하는 회로를 활용하여 별자리 액자를 창의적으로 만들 수 있습니다.

◎ 밤하늘의 별을 담은 별자리 액자를 만들어 봅시다.

밤하늘을 수놓는 아름다운 별자리야!

학습 전 ▶ 후 나는?

학습하기 전과 비교하여 학습한 후에 얼마나 더 알게 되었는지 스스로 확인해 봐요.

항목	학습 전			학습 후		
1. 별자리 액자를 제어하는 회로를 오류 없이 설계할 수 있다.	😄	😊	🙂	😄	😊	🙂
2. 별자리 액자를 창의적으로 꾸미고 완성할 수 있다.	😄	😊	🙂	😄	😊	🙂
3. 제작한 별자리 액자를 바르게 작동시킬 수 있다.	😄	😊	🙂	😄	😊	🙂

I 만드는 과정을 살펴볼까요?

별자리 액자를 제어하는 회로를 설계하고, 도안과 연결해 봅시다.

준비물

도안(부록 179쪽), 구리 테이프(5mm),
3mm LED 여러 개, 5mm LED 여러 개,
동전 건전지(CR2032) 1개, 집게1개,
투명 테이프

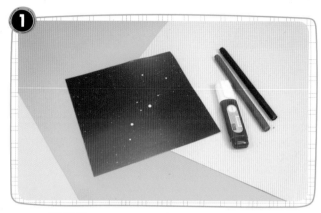

1 179쪽 밤하늘 도안을 오린 후, 자신의 별자리를 점으로 찍고 구멍을 뚫어 줍니다.

2 밤하늘 뒷면에 건전지 케이스 를 붙이고, 다음과 같이 회로를 그립니다.

3 회로를 따라서 구리 테이프를 반듯하게 붙입니다.

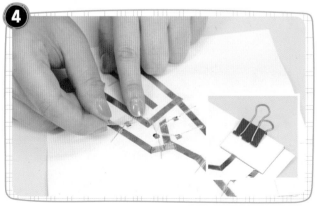

4 회로를 설계하고 동전 건전지를 집게로 고정한 후, LED를 투명 테이프로 붙입니다.

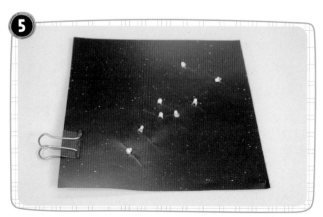

5 LED가 잘 켜지는지 확인한 후 회로 제작을 마무리 합니다.

ㄹ 별자리 액자는 이렇게!

다양한 미술 기법을 활용하여 도안을 꾸미고, 회로와 연결해 봅시다.

 준비물

도안(부록 179, 181쪽), 가위, 칼, 풀,
투명 테이프, 폼 양면테이프, 채색 도구,
수정액이나 흰색 아크릴 물감,
이쑤시개나 아크릴 물감용 붓

①

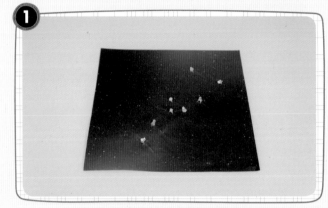

101쪽과 같이 179쪽 도안 뒷면에 회로 설계를 완료한 밤하늘 을 준비합니다.

②

밤하늘 위에 자신의 별자리 밑그림을 희미하게 그립니다.

③

밑그림을 바탕으로 수정액이나 흰색 아크릴 물감을 이용하여 그림을 그립니다.

④

181쪽 액자 도안을 모양대로 오리고 채색하여 꾸밉니다.

⑤

밤하늘 테두리에 폼 양면테이프를 붙이고, 채색을 마친 액자 를 덧씌워 붙입니다.

3 별자리 액자를 만들어 볼까요?

밤하늘에 나의 별자리를 그린 후, 뒷면 에서 회로를 완성하고 액자에 끼워 봅시다.

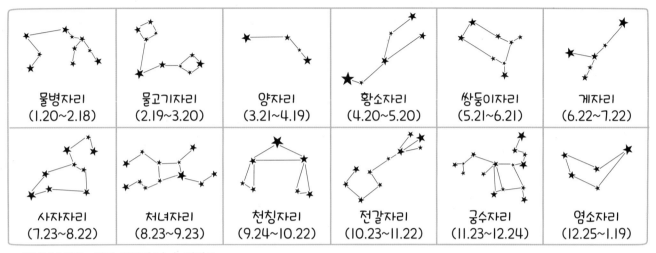

물병자리 (1.20~2.18)	물고기자리 (2.19~3.20)	양자리 (3.21~4.19)
황소자리 (4.20~5.20)	쌍둥이자리 (5.21~6.21)	게자리 (6.22~7.22)
사자자리 (7.23~8.22)	처녀자리 (8.23~9.23)	천칭자리 (9.24~10.22)
전갈자리 (10.23~11.22)	궁수자리 (11.23~12.24)	염소자리 (12.25~1.19)

※ 별자리 날짜는 약간 차이가 날 수 있어요.

자신의 생일에 해당하는
별자리를 그려 보세요.

밤하늘(도안 예시)

※ 실제 크기 도안(부록 179쪽)을 사용하세요.

——— 오리는 선

뒷면

동전 건전지 놓는 면

구리 테이프 붙이는 면

―――― 오리는 선

------ 안으로 접는 선

건전지 케이스(도안 예시)

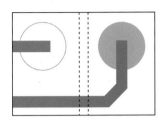

액자(도안 예시)

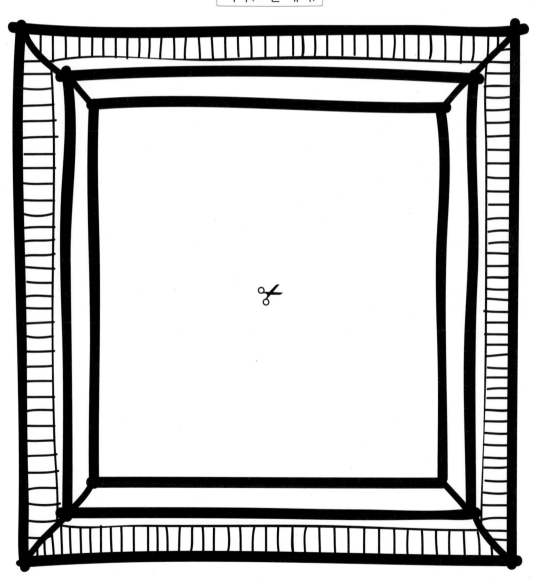

※ 실제 크기 도안(부록 181쪽)을 사용하세요.

14 재활용품 꽃밭

LED를 제어하는 회로를 활용하여 재활용품으로 꽃을 창의적으로
만들고, 친구들과 서로 협동하여 작품을 전시할 수 있습니다.

◎ 빛나는 재활용품 꽃을 만들고, 협동하여 꽃밭을 꾸며 봅시다.

학습 전 → 후 나는?

학습하기 전과 비교하여 학습한 후에 얼마나 더 알게 되었는지 스스로 확인해 봐요.

항목	학습 전	학습 후
1. 재활용품 꽃을 제어하는 회로를 오류 없이 설계할 수 있다.	😄 🙂 😐	😄 🙂 😐
2. 재활용품 꽃을 창의적으로 꾸미고 완성할 수 있다.	😄 🙂 😐	😄 🙂 😐
3. 제작한 재활용품 꽃을 바르게 작동시킬 수 있다.	😄 🙂 😐	😄 🙂 😐

☆ 1 만드는 과정을 살펴볼까요?

지우개 LED 회로를 설계하고, 재활용품 꽃과 연결해 봅시다.

준비물

구리 테이프(5mm), LED 1개,
동전 건전지(CR2032) 1개, 페트병, 지우개,
칼, 투명 테이프

칼을 사용할 때에는
안전사고에 유의하세요.

① 지우개를 페트병 입구에 딱 맞게 끼워지는 크기로
자릅니다.

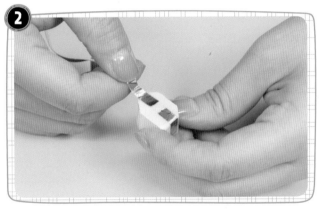

② 지우개의 하단에는 동전 건전지, 그 반대편에는
LED가 오도록 지우개에 구리 테이프를 붙입니다.

10쪽의 1번
과정을 참고하여
구리 테이프를
접어 보세요.

③ 동전 건전지의 ⊕극을 연결하는 쪽의 구리 테이프는
위와 같이 접어서 전류가 잘 흐르도록 합니다.

④ 동전 건전지를 극성에 맞게 놓고 투명 테이프로 고정
합니다. 지우개에 붙인 구리 테이프가 회로 역할을
합니다.

⑤ LED를 극성에 맞게 구리 테이프 회로 위에 꽂아 잘
켜지는지 확인한 후, 재활용품 꽃 만들기를 시작
합니다.

재활용품 꽃은 이렇게!

다양한 미술 기법을 활용하여 작품을 꾸미고, 회로와 연결해 봅시다.

준비물

활동지(교재 110쪽), 페트병, 가위, 칼,
얇은 막대기나 수수깡, 지점토, 글루 건,
필기도구

①

110쪽의 작품 제작 계획서를 작성합니다.

②

> 칼을 사용할 때에는
> 안전사고에 유의하세요.

칼이나 가위를 사용하여 페트병을 위와 같이 자릅니다
(꽃의 형태에 따라 자르는 범위가 달라질 수 있습니다.).

③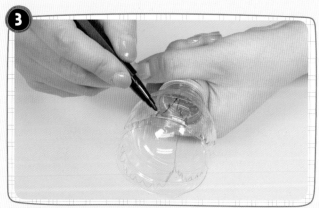

작성한 작품 제작 계획서대로 사인펜으로 페트병에
꽃잎을 그립니다.

④

> 페트병을 자른 후에는 날카
> 로운 부분에 손을 다치지
> 않도록 주의하세요.

가위를 사용하여 그린 모양대로 자릅니다.

⑤

> 가위를 사용할 때에는 안전
> 사고에 유의하세요.

가위로 꽃잎 모양을 다듬습니다.

달구어진 글루 건에 데지 않도록 주의하세요.

얇은 막대기나 수수깡을 병뚜껑에 글루 건으로 붙여 줄기를 표현합니다.

플라스틱 꽃을 안정적으로 세울 수 있도록 지점토로 받침대를 만들고, 지점토 받침대에 줄기를 꽂습니다.

107쪽에서 만든 지우개 LED 회로를 꽃잎 안쪽 병 입구에 끼워서 움직이지 않도록 고정합니다.

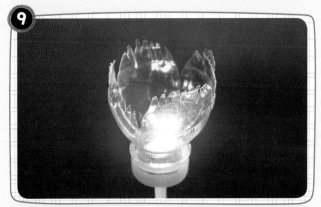

어둠 속에서도 아름답게 빛나는 재활용품 꽃을 완성한 후, 함께 모아 전시해 보세요.

 서울 도심에 있는 한 건물 주변에 전시된 약 25,500 송이의 LED 장미로 꾸며진 정원의 모습이에요.

3 재활용품 꽃을 만들어 볼까요?

재활용품 꽃을 만들기 위한 계획을 세우고, 아이디어 스케치해 봅시다.

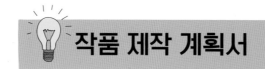
작품 제작 계획서

표현할 꽃	
선택한 이유	
꽃잎의 특징	

작품 제작 계획서를
작성한 후, 계획에 따라
꽃을 만들어 보세요.

아이디어 스케치

4 활동을 마무리해 볼까요?

재활용품 꽃밭 활동 과정을 정리해 봅시다.

활동 과정

1. 110쪽의 작품 제작 계획서에 작성한 계획에 따라 페트병을 꽃 모양으로 오려 준비합니다.

2. 병 입구에 끼울 수 있는 크기로 지우개를 자르고, 지우개의 한 쪽에는 동전 건전지, 다른 한 쪽에는 LED가 위치하도록 구리 테이프로 회로를 설계합니다.

3. 지우개 회로에 동전 건전지와 LED를 극성에 맞게 연결합니다(투명 테이프 없이 지우개 회로에 LED를 꽂아도 됩니다.).

4. LED가 잘 켜지는지 확인한 후, 지우개 회로를 꽃잎 안쪽 병 입구에 끼워 고정합니다.

5. 꽃의 줄기를 표현하기 위해 글루 건을 이용하여 얇은 막대기를 병뚜껑에 붙이고, 꽃을 세울 수 있도록 지점토로 받침대를 만듭니다(글루 건을 사용할 때에는 손을 데지 않도록 유의하세요.).

> 학급 친구들이 만든 재활용품 꽃을 모두 모아 빛나는 꽃밭을 만들어 전시해 봅시다.

15 이야기 릴레이

학습
목표 서로 협력하여 이야기 릴레이 활동을 하고, 다양한 회로를 활용하여
이야기의 각 장면을 창의적으로 만들 수 있습니다.

◎ 친구와 이야기 릴레이를 하고, 각 장면을 재미있게 꾸며 봅시다.

학습 전 ▶ 후 나는?

학습하기 전과 비교하여 학습한 후에 얼마나 더 알게 되었는지 스스로 확인해 봐요.

항목	학습 전	학습 후
1. 이야기 릴레이 그림을 제어하는 회로를 오류 없이 설계할 수 있다.	😄 🙂 😐	😄 🙂 😐
2. 이야기 릴레이 그림을 창의적으로 꾸미고 완성할 수 있다.	😄 🙂 😐	😄 🙂 😐
3. 제작한 이야기 릴레이 그림을 바르게 작동시킬 수 있다.	😄 🙂 😐	😄 🙂 😐

1 활동 과정을 살펴볼까요?

이야기 장면을 효과적으로 표현하기 위한 활동 과정을 살펴봅시다.

준비물

활동지(교재 114~117쪽), 구리 테이프(5mm), LED 여러 개, 동전 건전지(CR2032) 여러 개, 집게 1개, 가위, 칼, 투명 테이프, 채색 도구

① 마법사 · 다람쥐 3마리 · 남자 어린이 2명, 여자 어린이 2명 · 해적과 앵무새 · 허수아비 2개 · 무당벌레

활동 모둠을 만든 후, 모둠원은 각자 114쪽에 있는 등장인물을 한 명씩 선택합니다.

순서를 정해 자신이 선택한 등장 인물을 이용하여 앞사람의 이야기를 이어나갑니다.

115쪽에 자신의 이야기에서 가장 핵심이 되는 장면을 선택하여 그리고 채색합니다.

117쪽에서 이야기를 효과적으로 표현할 수 있는 장치를 선택하고 회로를 구성한 후, 동전 배터리를 붙여 장치와 회로가 잘 작동하는지 확인합니다.

모둠원은 이야기 순서대로 학급 친구들에게 완성한 이야기를 발표합니다.

⌈2⌋ 이야기 릴레이는 이렇게!

모둠원은 등장인물을 선택하고, 순서를 정해 이야기 릴레이를 진행합니다(이야기를 적는 시간은 1~2분입니다.).

마법사　　　　　다람쥐 3마리　　　　　남자 어린이 2명, 여자 어린이 2명

해적과 앵무새　　　　　허수아비 2개　　　　　무당벌레

나는 _____ 모둠의 _____번째 모둠원입니다.

> 모둠원의 이야기를 119쪽에 있는 표에 순서대로 정리해 보세요.

³ 이야기 릴레이 그림을 만들어 볼까요?

1. 자신이 만든 이야기를 그림으로 그려 봅시다.

1 이야기에서 가장 중요한 장면을 한 문장으로 요약해 보세요.

---

2 **1**의 내용이 잘 드러나도록 그림을 그리고 채색한 후, LED를 꽂을 위치를 표시하고 구멍을 뚫어 주세요.

2. 회로를 설계해 봅시다.

1 나의 이야기를 표현하는 데 필요한 장치와 사용할 회로에 표시해 보세요.

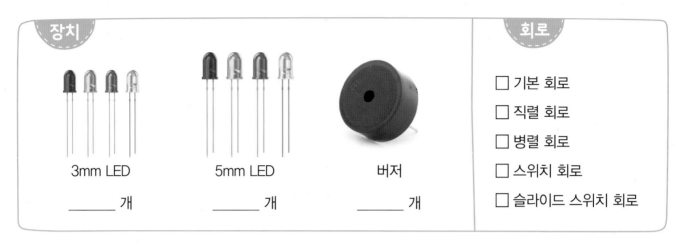

장치			회로
3mm LED	5mm LED	버저	☐ 기본 회로
_____ 개	_____ 개	_____ 개	☐ 직렬 회로
			☐ 병렬 회로
			☐ 스위치 회로
			☐ 슬라이드 스위치 회로

2 115쪽에 그린 이야기 릴레이 그림에 맞춰 회로를 설계해 보세요.

4 활동을 마무리해 볼까요?

이야기 릴레이 활동 과정을 정리해 봅시다.

활동 과정

1. 4~6명이 한 모둠이 되어 모둠명을 정합니다.

2. 모둠원이 함께 모여 각자 114쪽에 있는 등장인물을 한 명씩 선택합니다.

3. 모둠원끼리 이야기 릴레이 순서를 정하고, 자신이 선택한 등장인물로 앞사람의 이야기를 이어 자신의 이야기를 만듭니다.

4. 모든 모둠원이 이야기 만들기를 마치면, 각자 자신의 이야기에서 가장 핵심이 되는 장면을 선택합니다.

5. 준비한 채색 도구로 이야기 핵심 장면을 그리고 채색하여 꾸밉니다.

6. 이야기를 효과적으로 표현할 수 있는 장치를 선택하고 회로를 설계한 후, 동전 건전지를 연결하여 장치와 회로가 잘 연결되었는지 확인합니다.

이야기 그림을 완성하면, 모둠원이 다시 함께 모여 순서대로 학급 친구들에게 완성한 이야기를 발표합니다.

114쪽 이야기 릴레이를 진행하며,
모둠원들의 이야기를 듣고 적어 보세요.

모둠명: _____

순서	선택한 등장인물	이야기
첫 번째 모둠원		
두 번째 모둠원		
세 번째 모둠원		
네 번째 모둠원		
다섯 번째 모둠원		
여섯 번째 모둠원		

16 소원 나무

학습
목표 LED를 제어하는 회로를 활용하여 장식품을 창의적으로 만들고,
친구들과 서로 협동하여 소원 나무를 꾸밀 수 있습니다.

◉ 소원을 상징하는 장식품을 만들고, 소원 나무를 꾸며 봅시다.

학습 전→후 나는?

학습하기 전과 비교하여 학습한 후에 얼마나 더 알게 되었는지 스스로 확인해 봐요.

항목	학습 전	학습 후
1. 장식품을 제어하는 회로를 오류 없이 설계할 수 있다.	😄 😃 🙂	😄 😃 🙂
2. 장식품을 창의적으로 꾸미고 협동하여 소원 나무를 완성할 수 있다.	😄 😃 🙂	😄 😃 🙂
3. 제작한 장식품을 바르게 작동시킬 수 있다.	😄 😃 🙂	😄 😃 🙂

1 활동 과정을 살펴볼까요?

소원 나무에 걸어 둘 장식품을 만드는 회로를 설계해 봅시다.

준비물

활동지(교재 122~124쪽), 장식품을 만들 수 있는
다양한 재료, 구리 테이프(5mm), LED 여러 개,
버저, 동전 건전지(CR2032) 여러 개, 가위, 칼,
투명 테이프, 미술 용구(사인펜, 색연필 등)

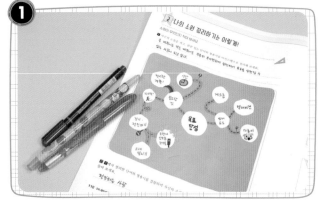

① 122쪽에 자신의 소망을 적고, 소망과 연관 지어 머릿속에 떠오르는 단어와 형용사 등을 마인드 맵으로 정리합니다.

② 123쪽에 정리한 단어와 형용사를 결합하여 한 개의 단어로 만들고, 장식품의 형태를 스케치합니다.

③ 다양한 재료와 미술 기법을 활용하여 자신의 소원을 창의적인 장식품으로 구체화합니다.

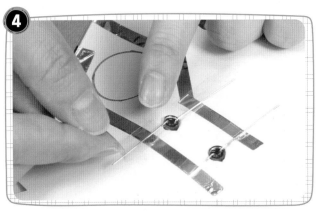

④ 장식품의 형태에 맞춰 구리 테이프와 동전 건전지를 붙여 회로를 설계하고 버저를 연결하여, 장치와 회로가 잘 작동하는지 확인합니다.

⑤ 완성한 장식품을 학급 친구들과 함께 소원 나무에 걸어 반짝이는 소원 나무를 완성합니다.

⭐ ㄹ 나의 소원 정리하기는 이렇게!

소원이 무엇인지 적어 봅시다.

1 이루고 싶은 소원을 적고, 관련 있는 단어와 형용사를 마인드맵으로 정리해 보세요.

2 **1**에서 정리한 단어와 형용사를 결합하여 자신의 소원을 가장 잘 표현할 수 있는 한 개의 단어를 만들어 보세요.

★3 장식품을 만들어 볼까요?

1. 장식품을 만들기 위한 계획을 세우고, 아이디어 스케치해 봅시다.

작품 제작 계획서

나의 소원을 표현하는 단어			
형태	○ 입체　○ 평면	크기	
재료			

아이디어 스케치

2. 회로를 설계해 봅시다.

1 장식품을 표현하는 데 필요한 장치와 사용할 회로에 표시해 보세요.

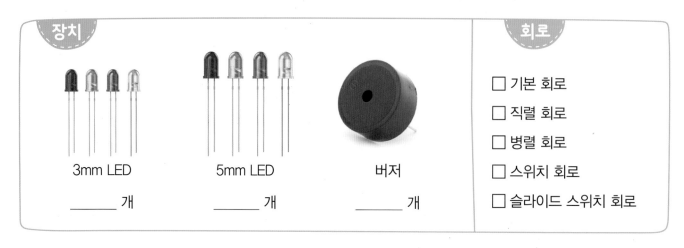

장치			회로
3mm LED	5mm LED	버저	☐ 기본 회로
_____ 개	_____ 개	_____ 개	☐ 직렬 회로
			☐ 병렬 회로
			☐ 스위치 회로
			☐ 슬라이드 스위치 회로

2 123쪽에 그린 아이디어 스케치를 참고하여, 어떻게 회로를 설계할 것인지 구상해 보세요.

4 활동을 마무리해 볼까요?

소원 나무 활동 과정을 정리해 봅시다.

활동 과정

1. 이루고 싶은 소원이 무엇인지 활동지에 적습니다.

2. 나의 소원과 관련 있는 단어와 형용사를 마인드맵으로 정리합니다.

3. 마인드맵에서 나의 소원을 가장 잘 표현할 수 있는 단어와 형용사를 결합하여 한 개의 단어로 만듭니다.

4. 장식품을 효과적으로 제작하기 위해 장식품의 형태와 크기, 재료 등을 결정하고 아이디어 스케치합니다.

5. 다양한 재료와 미술 기법을 활용하여 자신의 소원을 창의적인 장식품으로 구체화합니다.

6. 장식품의 형태에 맞춰 장치를 선택하고, 회로를 설계합니다.

함께 협동하여 장식품을 나무에 걸어 소원 나무를 완성합니다.

내 마음에 드는 도안 찾기

교재에 있는 작품 외에 새로운 형태의 작품을 만들고 싶다면 인터넷 검색으로 다양한 아이디어를 얻을 수 있습니다. 아이디어를 발견하는 데 도움이 되는 사이트를 소개합니다.

인스트럭터블(instructables.com)

회로 만들기, 공예, 융합 미술, 3D 프린팅 등 여러 가지 카테고리에서 세계 각국의 사람들이 자신의 아이디어를 공유하고 함께 발전시킬 수 있는 사이트입니다.

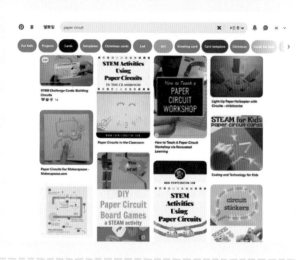

핀터레스트(pinterest.co.kr)

다양한 주제의 이미지와 영상을 함께 공유할 수 있는 사이트로, 자신의 보드를 만들어 관심 있는 이미지를 저장할 수도 있습니다. 핀터레스트 검색창에 "paper circuit"을 검색하면 구리 테이프로 만든 다양한 디지털 아트 작품을 감상할 수 있습니다.

크리에이티브 파크 (creativepark.canon/ko)

종이 공예 도안 공유 사이트로, 회원 가입을 하면 종이 공예, 생활용품, 카드, 미술품 등의 도안을 무료로 다운 로드받아 사용할 수 있습니다.

Part3 코딩 맛보기

프로그래밍을 통해 회로를 제어하는 방법을 배웁니다.
프로그래밍에 대한 지식이 부족하더라도 한 단계씩
차근차근 따라하며 프로그래밍해 볼 수 있습니다.

17-1 우아한 공작새

 학습 목표
LED와 센서 보드의 버튼을 제어하는 회로를 설계하고, 프로그래밍
하여 날개가 반짝이는 공작새를 창의적으로 만들 수 있습니다.

● 빛나는 날개를 펼치는 아름다운 공작새를 만들어 봅시다.

> 버튼을 눌러 공작새의 반짝이는 날개를 감상해 봐!

학습 전→후 나는?

학습하기 전과 비교하여 학습한 후에 얼마나 더 알게 되었는지 스스로 확인해 봐요.

항목	학습 전	학습 후
1. 공작새를 제어하는 회로를 오류 없이 설계할 수 있다.	😄 🙂 😐	😄 🙂 😐
2. LED와 센서 보드의 버튼을 제어하는 프로그램을 올바르게 작성할 수 있다.	😄 🙂 😐	😄 🙂 😐
3. 공작새를 창의적으로 꾸미고 완성할 수 있다.	😄 🙂 😐	😄 🙂 😐
4. 제작한 공작새를 바르게 작동시킬 수 있다.	😄 🙂 😐	😄 🙂 😐

1 만드는 과정을 살펴볼까요?

공작새 LED를 제어하는 회로를 설계하고, 센서 보드와 연결해 봅시다.

 준비물

도안(부록 183쪽), 센서 보드(코드이노,
E-센서보드 중 1개), 수-수 점퍼 케이블 2개,
구리 테이프(5mm), LED 4개, 투명 테이프

①

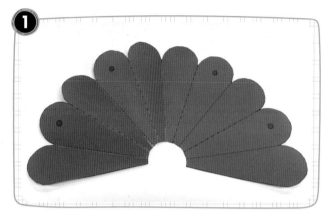

날개를 펼친 공작새 형태를 만들어 준비합니다.

②

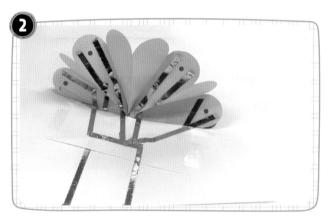

[날개] 뒷면에 구리 테이프를 반듯하게 붙여 위와 같이
회로를 만듭니다.

③

회로 위에 LED를 올려 투명 테이프로 붙입니다.

보드와 구리 테이프 회로를
연결하는 방법은 131~132
쪽에서 확인하세요.

④

수-수 점퍼 케이블을 이용하여 센서 보드와 구리
테이프 회로를 극성에 맞게 연결합니다.

⑤

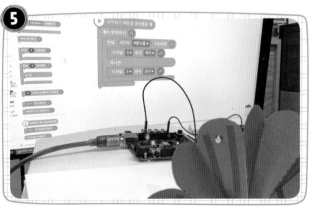

133~138쪽을 참고하여 센서 보드를 연결한 후, 버튼을
누를 때마다 LED가 켜지도록 프로그래밍합니다.

2 공작새는 이렇게!

다양한 미술 기법을 활용하여 도안을 꾸미고, 회로와 연결해 봅시다.

준비물

도안(부록 183쪽), 흰 도화지, 가위, 칼, 풀,
투명 테이프, 채색 도구

①

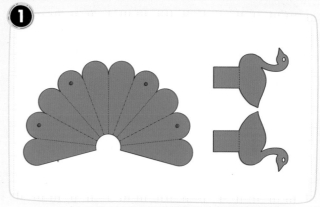

183쪽의 날개 와 몸통 도안을 모양대로 오립니다.

②

몸통 은 서로 풀칠하여 위와 같은 모양을 만듭니다.

③

날개 는 접는 선을 따라 접고, 흰 도화지 위에 세워 붙입니다.

④

몸통 도안은 날개 앞 중앙에 붙입니다.

129쪽을 참고하여 회로를 설계하고, 공작새 카드를 완성합니다.

3 회로와 보드 연결은 이렇게!

센서 보드의 버튼의 위치를 알아보고, 구리 테이프 회로와 바르게 연결해 봅시다.

 코드이노

사용할 센서 보드 장치

버튼

디지털 입출력 핀

- 코드이노에는 1개의 버튼이 있습니다.
- 수-수 점퍼 케이블 2개를 이용하여 코드이노 핀과 구리 테이프 회로를 다음과 같이 연결합니다.

코드이노(핀)	구리 테이프 회로
~3	⊕
GND	⊖

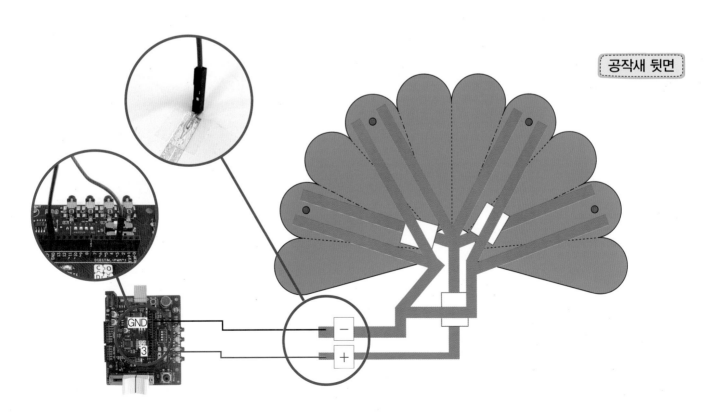

공작새 뒷면

🚨 E-센서보드

사용할 센서 보드 장치

- E-센서보드에는 4개의 버튼이 있습니다.
- 이 활동에서는 빨간 버튼을 눌러 LED를 켜고 끄도록 합니다.
- 수-수 점퍼 케이블 2개를 이용하여 E-센서보드핀과 구리 테이프 회로를 다음과 같이 연결합니다.

E-센서보드(핀)	구리 테이프 회로
SERVO	⊕
GND	⊖

디지털 입출력 핀

버튼

공작새 뒷면

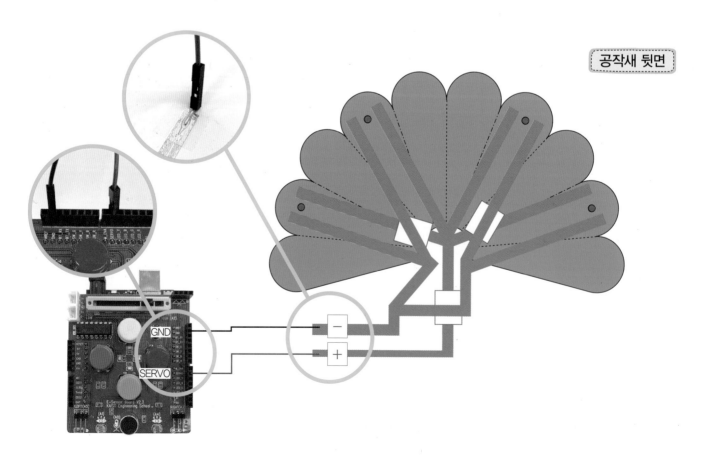

4 프로그래밍해 볼까요?

버튼을 눌러 LED를 켜고 끌 수 있도록 프로그래밍해 봅시다.

⚙ 센서 보드 연결하기

1 USB 케이블을 이용해
센서 보드를 컴퓨터와
연결합니다.

코드이노

E-센서보드

2 엔트리(https://playentry.org) 사이트에 접속하여 [만들기] – [작품 만들기]를 선택합니다.

3 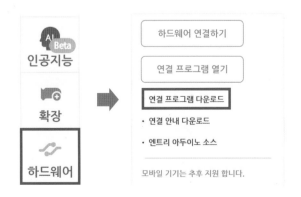 를 클릭하여 프로그램을 다운로드합니다.

4️⃣ 다운로드 받은 연결 프로그램을 컴퓨터에 설치합니다.

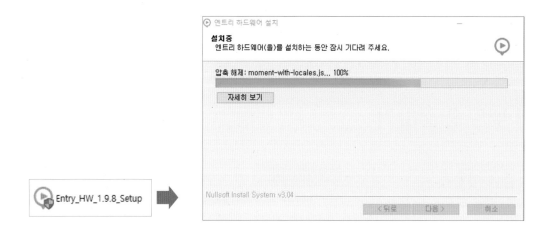

5️⃣ '연결 프로그램 열기'를 클릭하면, 하드웨어 선택 창이 나타납니다.

6️⃣ 하드웨어 선택 창에서 연결할 센서 보드를 선택합니다.

7 드라이버와 펌웨어를 차례대로 설치합니다.

코드이노	E-센서보드

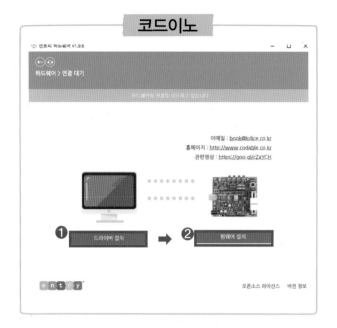 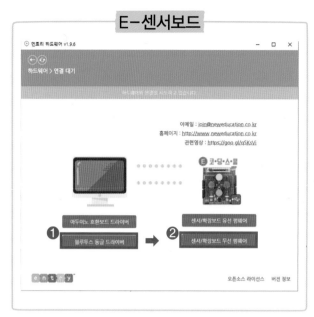

※ 이 프로그램은 처음 실행시에만 설치하면 됩니다.

※ 이 창은 닫지 않고 최소화 버튼을 ─눌러 아래로 내립니다.

8 연결에 성공하면 [하드웨어] 블록 꾸러미에 명령 블록이 나타납니다.

코드이노	E-센서보드

 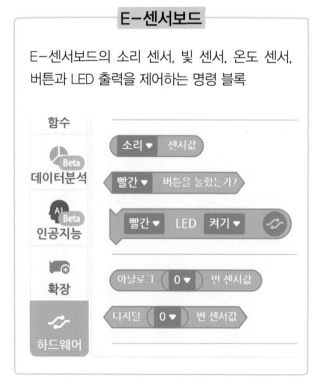

⚙️ 프로그래밍하기

■에서 ⑥까지의 프로그래밍 과정을 순서대로 따라 해 보고, ⑦에서 실행 결과를 확인해 봅시다.

① 🚩 블록 꾸러미에서  블록을 끌어 블록 조립소에 놓습니다.

▶ 시작하기 버튼을 클릭하면 아래에 연결된 블록들을 실행합니다.

> ▶ 시작하기 버튼을 클릭했을 때

② 버튼을 누를 때마다 LED가 켜지게 하기 위해 🔀 블록 꾸러미에서 블록을 끌어 블록 조립소에 놓습니다.

감싸고 있는 블록들을 계속해서 반복 실행합니다.

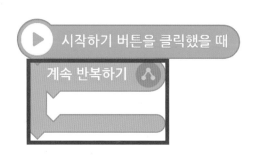

③ 🔀 블록 꾸러미에서 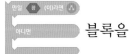 블록을 끌어 블록 조립소에 놓습니다.

만약 판단이 참이면 첫 번째 감싸고 있는 블록들을 실행하고, 거짓이면 두 번째 감싸고 있는 블록들을 실행합니다.

> 프로그래밍 과정에 따라 명령 블록을 추가하면서 해당 명령 블록의 의미를 기억합니다.

4 블록 꾸러미에서 다음 블록(□ 표시)을 끌어 블록 조립소에 놓습니다.

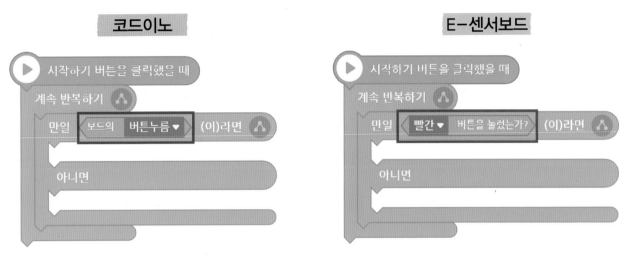

센서 보드의 버튼이 눌려 있는지 아닌지 파악하기 위한 블록입니다.

5 블록 꾸러미에서 다음 블록(□ 표시)을 끌어 블록 조립소에 놓습니다.

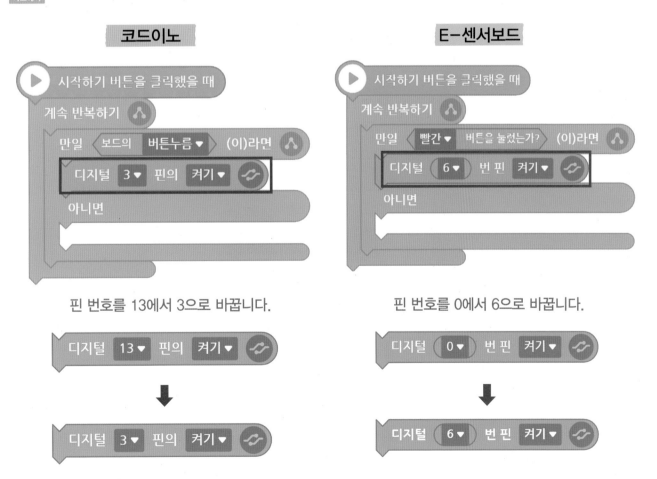

핀 번호를 13에서 3으로 바꿉니다.   핀 번호를 0에서 6으로 바꿉니다.

6 ⟨하드웨어⟩ 블록 꾸러미에서 다음 블록(□표시)을 끌어 블록 조립소에 놓습니다.

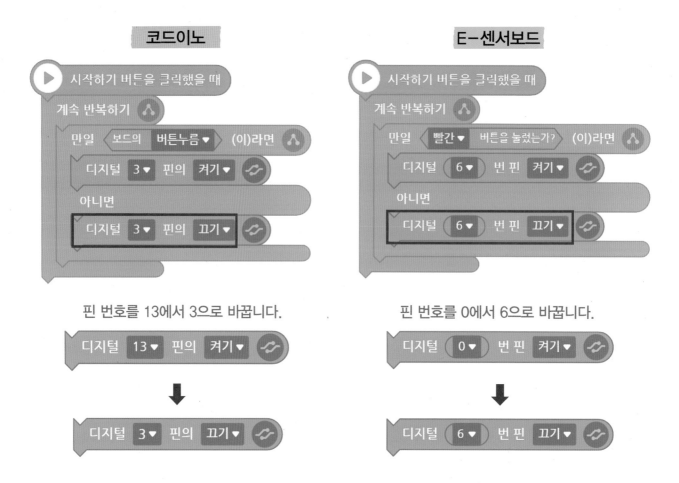

코드이노

시작하기 버튼을 클릭했을 때

계속 반복하기

만일 보드의 버튼누름▼ (이)라면

디지털 3▼ 핀의 켜기▼

아니면

디지털 3▼ 핀의 끄기▼

E-센서보드

시작하기 버튼을 클릭했을 때

계속 반복하기

만일 빨간▼ 버튼을 눌렀는가? (이)라면

디지털 6▼ 번 핀 켜기▼

아니면

디지털 6▼ 번 핀 끄기▼

핀 번호를 13에서 3으로 바꿉니다.

디지털 13▼ 핀의 켜기▼

⬇

디지털 3▼ 핀의 끄기▼

핀 번호를 0에서 6으로 바꿉니다.

디지털 0▼ 번 핀 켜기▼

⬇

디지털 6▼ 번 핀 끄기▼

7 실행창에서 ▶ 버튼을 눌러 프로그램을 실행한 후, 센서 보드의 버튼을 누르면 LED가 켜지는지 확인합니다.

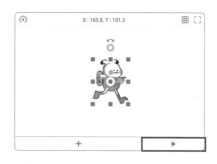

코드이노

E-센서보드

⑤ 우아한 공작새를 만들어 볼까요?

날개에서 빛이 나는 공작새를 만들어 봅시다.

● LED 위치

── 오리는 선

----- 안으로 접는 선

─·─·─ 밖으로 접는 선

날개(도안 예시)

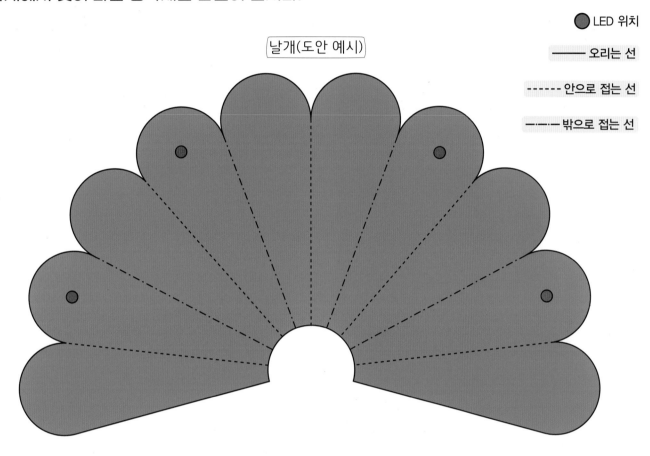

몸통(도안 예시)

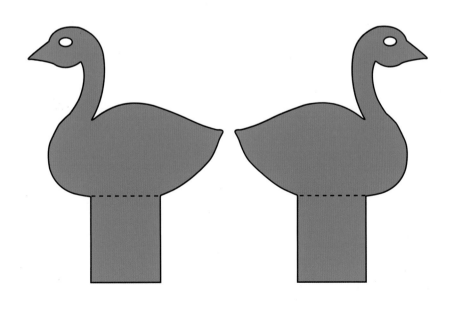

※ 실제 크기 도안(부록 183쪽)을 사용하세요.

17-2 똑똑한 전등

학습
목표
LED와 센서 보드의 빛 센서를 제어하는 회로를 설계하고, 프로그래밍하여 주변 밝기에 따라 켜지고 꺼지는 전등을 만들 수 있습니다.

⊙ 주변 밝기에 따라 켜지고 꺼지기를 반복하는 전등을 만들어 봅시다.

학습 전→후 나는?

학습하기 전과 비교하여 학습한 후에 얼마나 더 알게 되었는지 스스로 확인해 봐요.

항목	학습 전	학습 후
1. 전등을 제어하는 회로를 오류 없이 설계할 수 있다.	😄 🙂 😐	😄 🙂 😐
2. LED와 센서 보드의 빛 센서를 제어하는 프로그램을 올바르게 작성할 수 있다.	😄 🙂 😐	😄 🙂 😐
3. 전등을 창의적으로 꾸미고 완성할 수 있다.	😄 🙂 😐	😄 🙂 😐
4. 제작한 전등을 바르게 작동시킬 수 있다.	😄 🙂 😐	😄 🙂 😐

만드는 과정을 살펴볼까요?

LED 전등을 제어하는 회로를 설계하고, 센서 보드와 연결해 봅시다.

준비물

전등 받침용 종이, 센서 보드(코드이노, E-센서보드 중 1개), 수-수 점퍼 케이블 3개, 구리 테이프(5mm), 5mm LED 여러 개, 투명 테이프

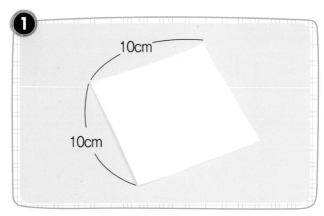

① 정사각형의 전등 받침용 종이를 준비합니다.

② 전등 받침 위에 구리 테이프를 반듯하게 붙이고, LED를 회로 위에 올려 투명 테이프로 붙입니다.

③ 수-수 점퍼 케이블을 이용하여 센서 보드와 구리 테이프 회로를 극성에 맞게 연결합니다.

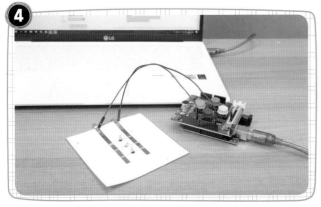

④ 145~150쪽을 참고하여 센서 보드의 빛 센서값에 따라 LED가 켜지도록 프로그래밍합니다.

⑤ 똑똑하고 아름다운 테셀레이션 전등을 완성합니다.

ㄹ 테셀레이션 전등갓은 이렇게!

다양한 미술 기법을 활용하여 도안을 꾸미고, 회로와 연결해 봅시다.

도안(교재 151쪽), 색지, 가위, 칼, 자

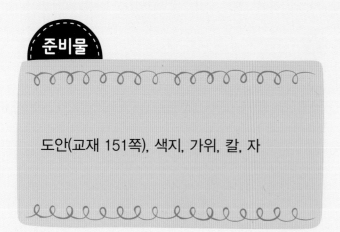

① 151쪽의 도안 예시를 참고하여 색지를 오려 총 30개의 육각형을 준비합니다.

2개의 육각형을 잡고, 자른 틈새가 그림과 같이 서로 맞물리도록 끼웁니다.

② 에서 맞물린 육각형 2개를 위와 같이 잡고, 세 번째 육각형을 그림과 같이 맞물리게 합니다.

맞물린 부분이 느슨해지지 않게 단단히 끼우고, 뾰족한 모서리들이 튀어나오지 않게 정리합니다.

과정 **②** ~과정 **④** 를 반복하여 동그란 테셀레이션 전등갓을 완성합니다.

142 Part 3. 코딩 맛보기

3 회로와 보드 연결은 이렇게!

센서 보드의 빛 센서의 위치를 알아보고, 구리 테이프 회로를 바르게 연결해 봅시다.

 코드이노

사용할 센서 보드 장치

빛 센서

디지털 입출력 핀

- 코드이노에는 1개의 빛 센서가 있습니다.
- 수–수 점퍼 케이블 2개를 이용하여 코드이노 핀과 구리 테이프 회로를 다음과 같이 연결합니다.

코드이노(핀)	구리 테이프 회로
~3	⊕
GND	⊖

전등 받침

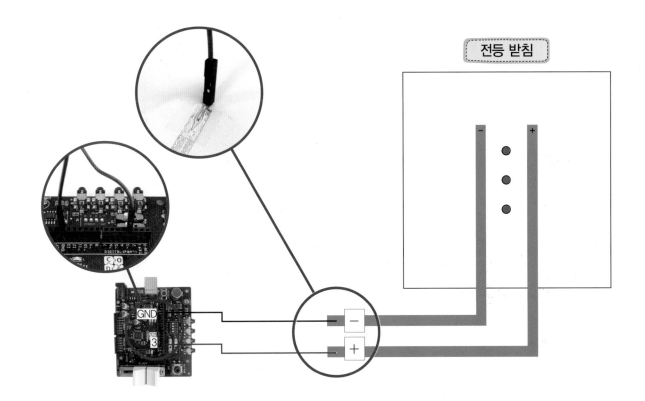

E-센서보드

사용할 센서 보드 장치

- E-센서보드에는 2개의 빛 센서가 있습니다.
- 수-수 점퍼 케이블 2개를 이용하여 E-센서 보드 핀과 구리 테이프 회로를 다음과 같이 연결합니다.

E-센서보드(핀)	구리 테이프 회로
SERVO	$\oplus$
GND	$\ominus$

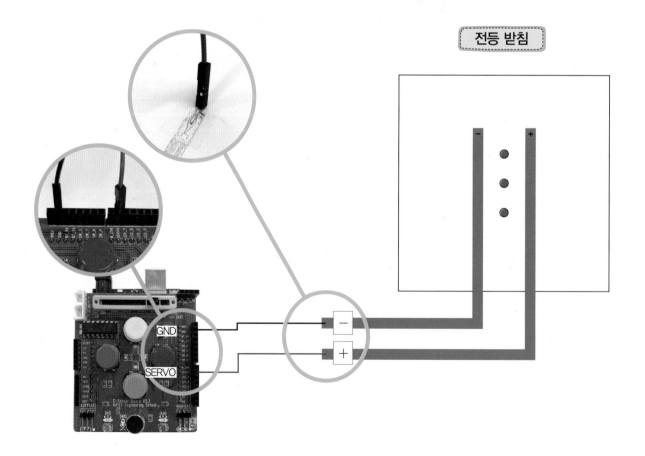

전등 받침

4 프로그래밍해 볼까요?

빛 센서값에 따라 LED가 켜지고 꺼지도록 프로그래밍해 봅시다.

⚙️ 프로그래밍하기

센서 보드와 엔트리를 연결하는 방법은 활동 '17-1 우아한 공작새'와 동일합니다.

1에서 **15**까지의 프로그래밍 과정을 순서대로 따라 해 보고, **16**에서 실행 결과를 확인해 봅시다.

1 🚩 블록 꾸러미에서 ▶시작하기 버튼을 클릭했을 때 블록을 끌어 블록 조립소에 놓습니다.

　▶　 시작하기 버튼을 클릭하면 아래에 연결된 블록들을 실행합니다.

2 LED가 빛 센서값에 따라 켜지고 꺼지는 것을 계속 반복하게 하기 위해 🔀 블록 꾸러미에서 계속 반복하기🔀 블록을 끌어 블록 조립소에 놓습니다.

감싸고 있는 블록들을 계속해서 반복 실행합니다.

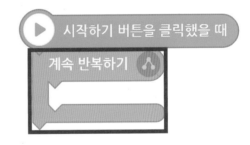

3 🔀 블록 꾸러미에서  블록을 끌어 블록 조립소에 놓습니다.

만약 판단이 참이면 첫 번째 감싸고 있는 블록들을 실행하고, 거짓이면 두 번째 감싸고 있는 블록들을 실행합니다.

4 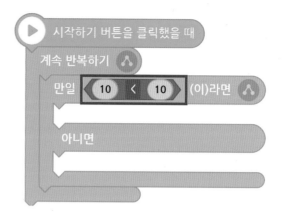 블록 꾸러미에서 `10 < 10` 블록을 끌어 블록 조립소에 놓습니다.

왼쪽에 위치한 값이 오른쪽에 위치한 값보다 작은 경우 '참'으로 판단합니다.

5 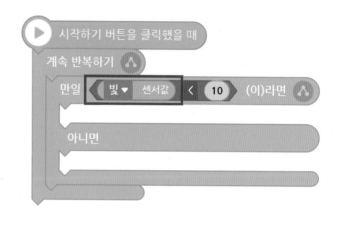 블록 꾸러미에서 `소리 ▼ 센서값` 블록을 끌어 블록 조립소에 놓습니다. 그리고 '빛 센서값'으로 바꿉니다.

빛 센서로 밝기를 측정합니다.
빛 센서값은 밝을수록 값이 0에 가까워지므로 비교 블록의 왼쪽에 놓습니다.

코드이노

`빛 ▼ 센서값` = E-센서보드 `빛 감지 ▼ 센서값`

6 주변이 어두워졌을 때 LED가 켜지게 하기 위해, 빛 센서값이 512보다 낮을 때의 조건을 설정합니다.

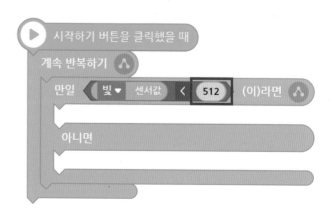

7 센서 보드 ~3번 핀에 연결한 LED의 빛이
점점 밝아지도록 만들기 위해 변수를
만듭니다.

[?자료] – [변수 만들기] 에서 변수 이름을
'n'으로 설정한 후, '확인' 버튼을 누릅니다.

LED가 서서히 밝아지도록 제어하기 위해 필요한
변수입니다.

8 [블록] 탭을 클릭하여 다시 블록 조립소로
돌아갑니다.

9 [?자료] 블록 꾸러미에서 다음 블록(□ 표시)을
끌어 블록 조립소에 놓습니다.

변숫값을 '10'에서 '0'으로 바꿉니다.

10 ⟨흐름⟩ 블록 꾸러미에서 ⟨참 이 될 때까지 반복하기⟩ 블록을 끌어 블록 조립소에 놓습니다.

11 ⟨판단⟩ 블록 꾸러미에서 ⟨10 < 10⟩ 블록을 끌어 블록 조립소에 놓고, 부등호(<)를 등호(=)로 바꿉니다.

⟨10 < 10⟩ ➡ ⟨10 = 10⟩

11-1. ⟨? 자료⟩ 블록 꾸러미에서 ⟨n▾ 값⟩ 블록을 끌어 등호(=)의 왼쪽에 놓고, 오른쪽에는 '255' 값을 입력합니다.

12 ⟨하드웨어⟩ 블록 꾸러미에서

⟨디지털 3▾ 번 핀을 255 (으)로 정하기⟩

블록을 끌어 블록 조립소에 놓고, '255' 값을 ⟨? 자료⟩ 블록 꾸러미에 있는 ⟨n▾ 값⟩ 으로 변경합니다.

⑬ **?** 블록 꾸러미에서

n▼ 에 10 만큼 더하기 ? 블록을 끌어 블록 조립소에 놓습니다. 그리고 변숫값을 1씩 증가시키기 위해 '10'을 '1'로 변경합니다.

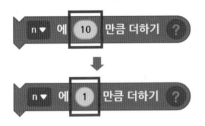

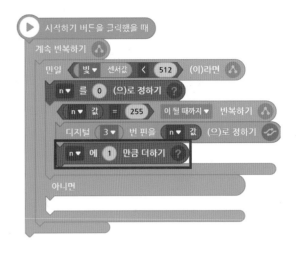

⑭ 블록 꾸러미에서

디지털 3▼ 번 핀을 255 (으)로 정하기 블록을 끌어 블록 조립소에 놓습니다. 그리고 센서 보드(코드이노)의 ~3번 핀에 연결된 LED가 가장 밝게 빛난 후에 꺼지게 하기 위해 값을 '255'에서 '0'으로 변경합니다.

⑮ 블록 꾸러미에서

디지털 3▼ 번 핀을 255 (으)로 정하기 블록을 끌어 블록 조립소에 놓고, 값을 '255'에서 '0'으로 변경합니다.

E-센서보드의
동일한 코드입니다

시작하기 버튼을 클릭했을 때

계속 반복하기

만일 (빛 감지 ▾ 센서값 < 512) (이)라면

n ▾ 를 0 (으)로 정하기 ?

(n ▾ 값 = 255) 이 될 때까지 ▾ 반복하기

디지털 (6 ▾) 번 핀을 n ▾ 값 (으)로 정하기

n ▾ 에 1 만큼 더하기 ?

디지털 (6 ▾) 번 핀을 0 (으)로 정하기

아니면

디지털 (6 ▾) 번 핀을 0 (으)로 정하기

16 실행창에서 [▸] 버튼을 눌러 프로그램을 실행합니다.

16-1. 실행창에서 변숫값이 1씩 더해지며 0에서 255까지
계속해서 반복되는지 확인합니다.

n [0] ➡ n [255]

16-2. 변숫값이 변화하는 것에 따라 LED 빛의 세기가 달라지
는지 확인합니다.

n=0일 경우
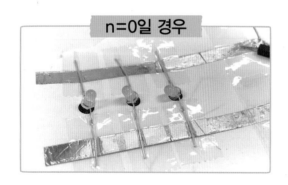

n=255일 경우
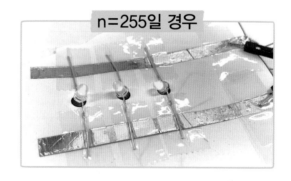

16-3. 주변이 어두워졌을 때 LED 빛의 세기가 변하지 않고
계속 밝게 빛나는지 확인합니다.

5 똑똑한 전등을 만들어 볼까요?

도안 예시를 참고하여 색지를 자르고 조립하여 테셀레이션 전등갓을 만들어 봅시다.

—— 오리는 선

전등갓(도안 예시)

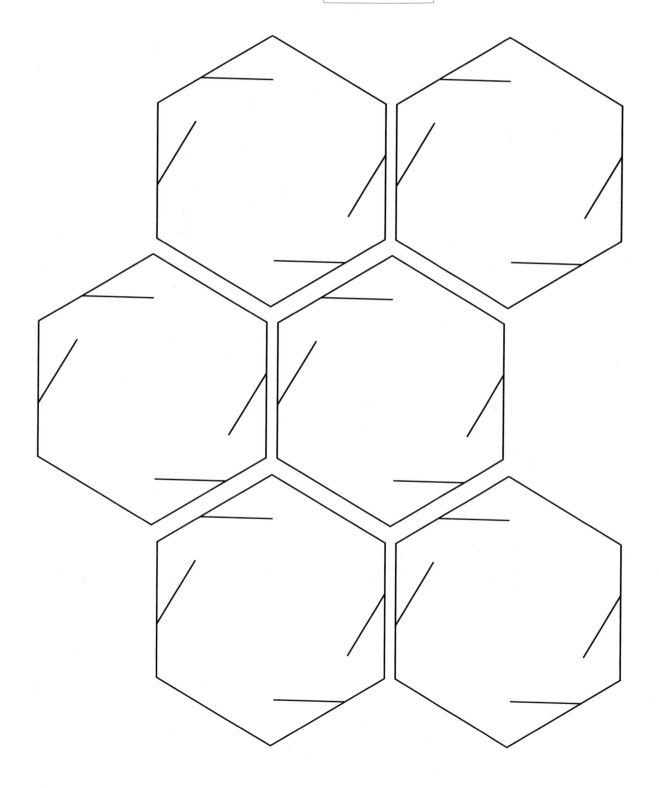

전도성 실을 이용한 E-Textiles

E-Textiles(전자 섬유, 스마트 섬유)는 전도성이 있는 은, 스테인리스 스틸, 구리 같은
금속으로 만든 직물이나 실입니다. LED, 소리 센서, 온도 센서, 가스 탐지 센서 등
다양한 센서와 LED를 부착하여 주변 환경에 반응하는 섬유 제품을 만들 수 있습니다.

무도회 가면

재미있는 가면을 만들고, LED를 제어하는
회로를 만들어 완성한 무도회 가면입니다.

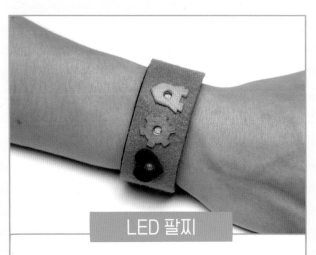

LED 팔찌

나만의 팔찌를 자유롭게 디자인하고, 프로그래
밍하여 LED가 빛나게 할 수 있습니다.

몬스터 인형

펠트지나 천으로 귀여운 몬스터 인형을 만들고,
인형의 형태나 특징에 따라 LED가 깜빡이거나
서서히 켜지고 꺼지게 할 수 있습니다.

온도 알림 컵홀더

펠트지를 이용하여 컵홀더를 만들고, 마시기
좋은 온도를 알려 줍니다.

만들기 도안

───── 오리는 선

─ ─ ─ 밖으로 접는 선

////// 풀칠하는 면

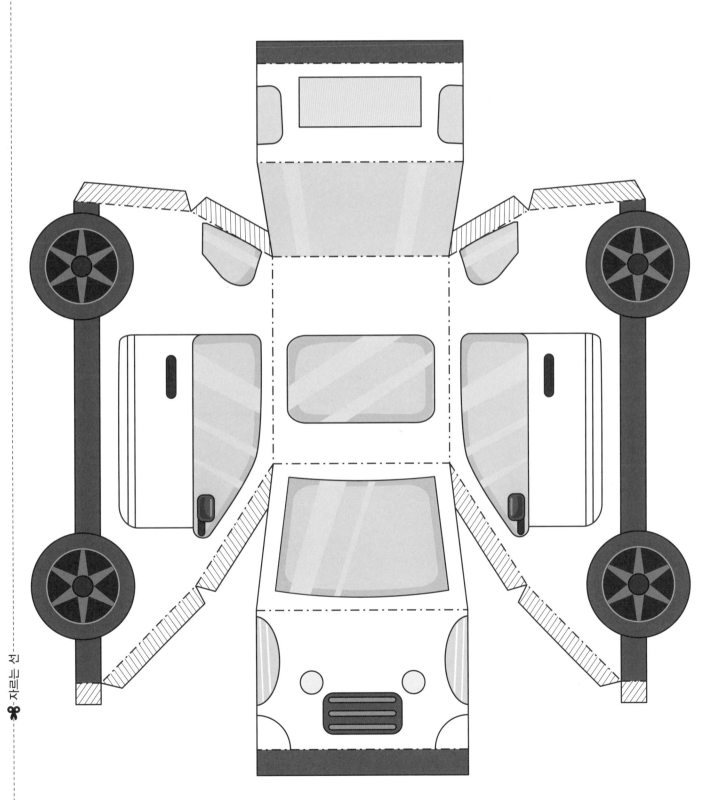

자르는 선

LED 위치

동전 건전지 놓는 면

구리 테이프 붙이는 면

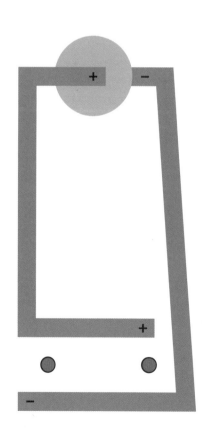

―――― 오리는 선

------ 안으로 접는 선

위

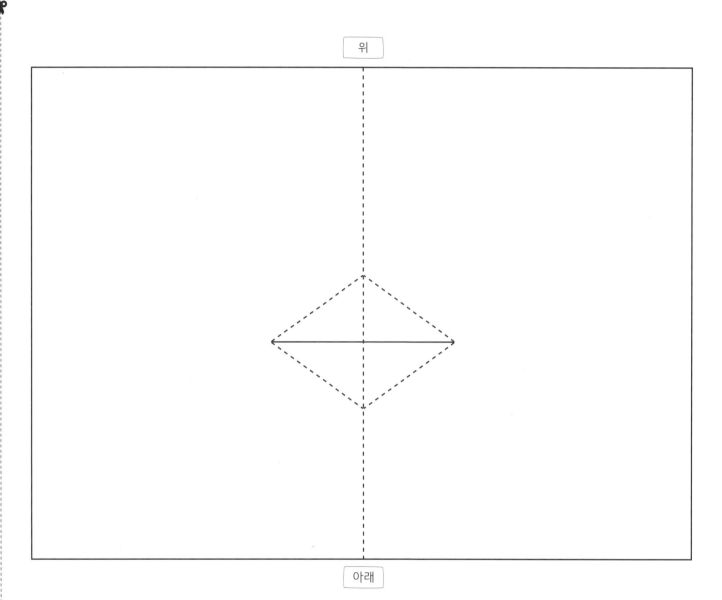

아래

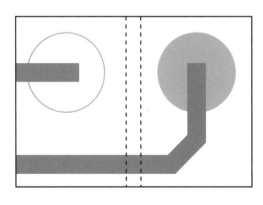

이 건전지 케이스는 10쪽 ② 건전지 케이스
만들기를 연습할 때 사용하세요.

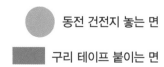

🔴 동전 건전지 놓는 면

🟩 구리 테이프 붙이는 면

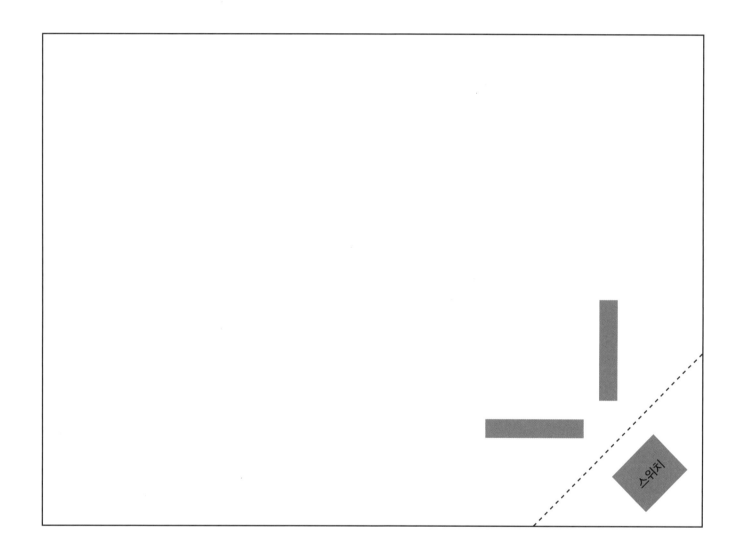

구리 테이프 붙이는 면

―――― 오리는 선

------ 안으로 접는 선

스위치

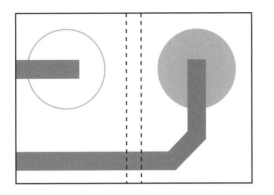

동전 건전지 놓는 면

구리 테이프 붙이는 면

——— 오리는 선

------ 안으로 접는 선

자르는 선

자르는 선

LED 위치

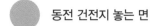 동전 건전지 놓는 면

구리 테이프 붙이는 면

건전지 케이스 붙이는 면

버저 놓는 면

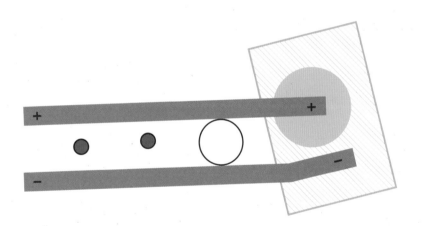

——— 오리는 선

— — — 밖으로 접는 선

////// 풀칠하는 면

자르는 선

자르는 선

자르는 선

● LED 위치

● 동전 건전지 놓는 면

■ 구리 테이프 붙이는 면

------ 안으로 접는 선

전등 놓는 면

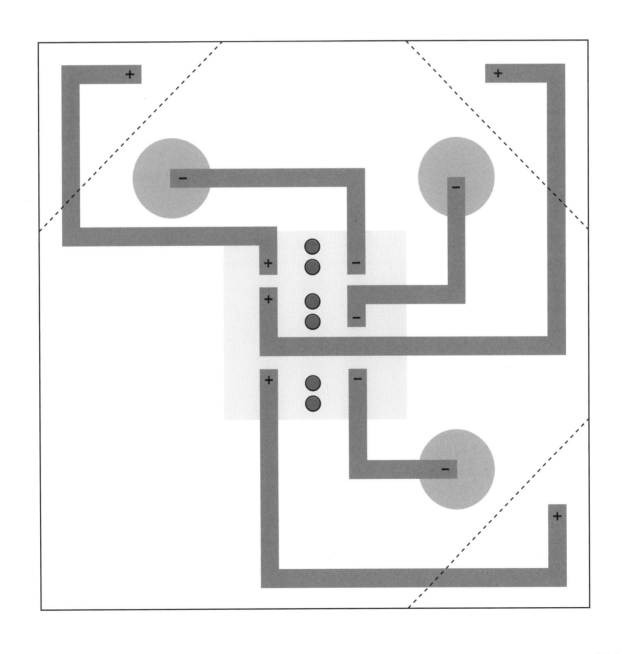

자르는 선

자르는 선

자르는 선

—— 오리는 선
------ 안으로 접는 선
———— 밖으로 접는 선
[■] 풀칠하는 면

자르는 선

1A와 붙이기

1B와 붙이기

2A와 붙이기

2B와 붙이기

3A와 붙이기

3B와 붙이기

4A와 붙이기

4B와 붙이기

⬇ 이 면 뒤에 풀칠 후 5A에 붙이기 ⬇

⬇ 이 면 뒤에 풀칠 후 5B에 붙이기 ⬇

자르는 선

——— 오리는 선

—·—·— 밖으로 접는 선

█████ 풀칠하는 면

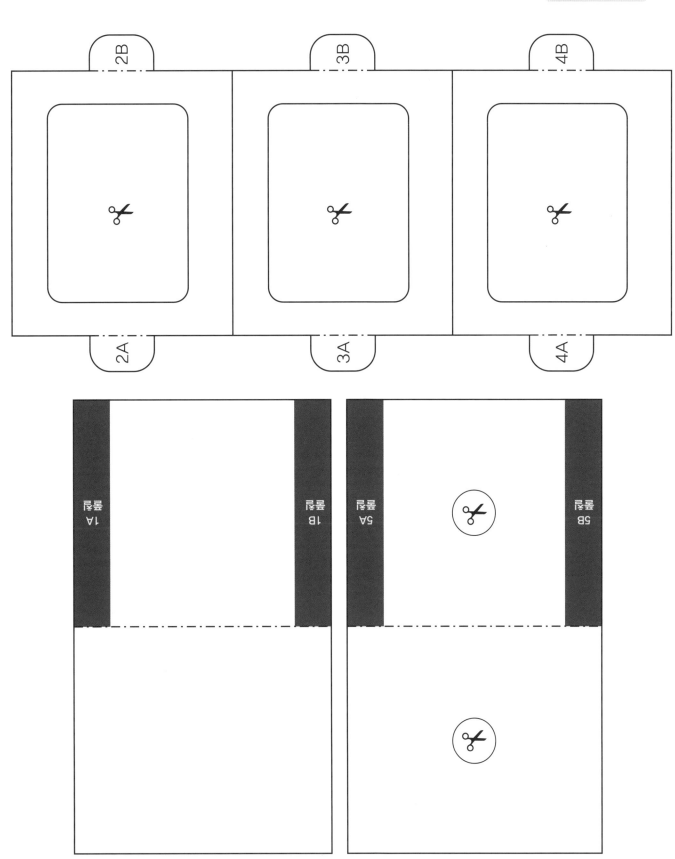

⬤ LED 위치

⬤ 동전 건전지 놓는 면

▬ 구리 테이프 붙이는 면

──── 오리는 선

------ 안으로 접는 선

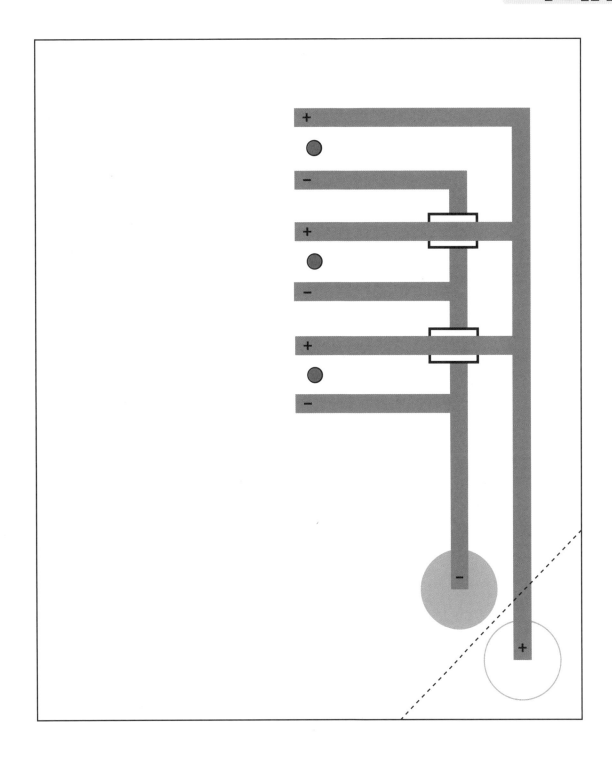

─── 오리는 선

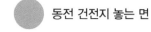

● LED 위치

동전 건전지 놓는 면

구리 테이프 붙이는 면

—— 오리는 선

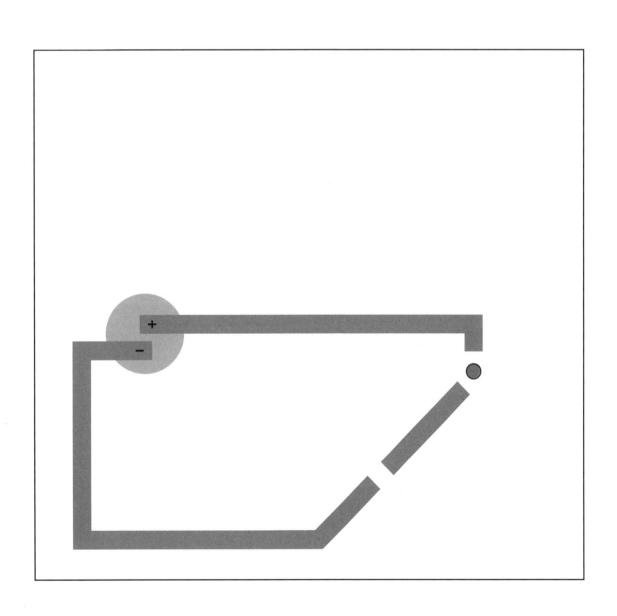

——— 오리는 선

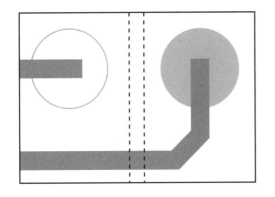

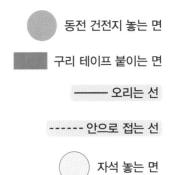

동전 건전지 놓는 면

구리 테이프 붙이는 면

—— 오리는 선

------ 안으로 접는 선

자석 놓는 면

자르는 선

자르는 선

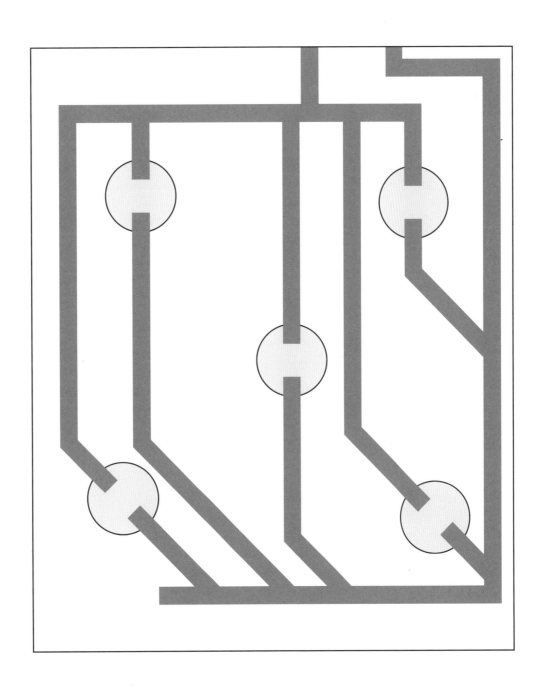

—— 오리는 선

—— 오리는 선

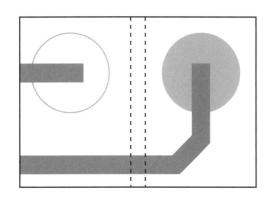

별자리 이야기 102쪽 관련

동전 건전지 놓는 면

구리 테이프 붙이는 면

—— 오리는 선

------ 안으로 접는 선

자르는 선

자르는 선

자르는 선

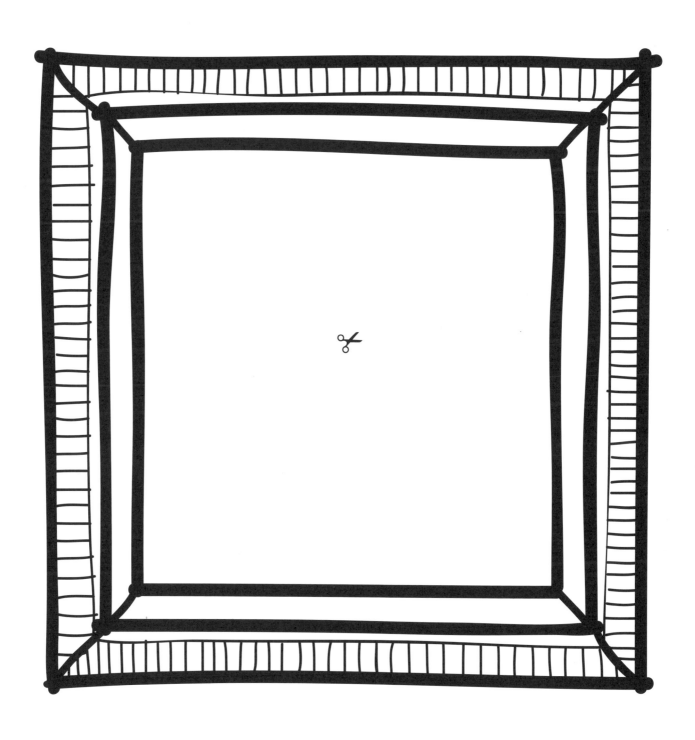

🔴 LED 위치
―――― 오리는 선
------ 안으로 접는 선
—·—·— 밖으로 접는 선

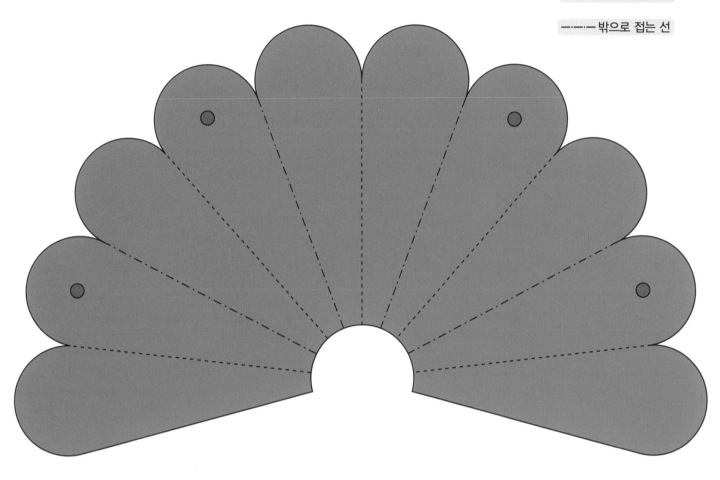

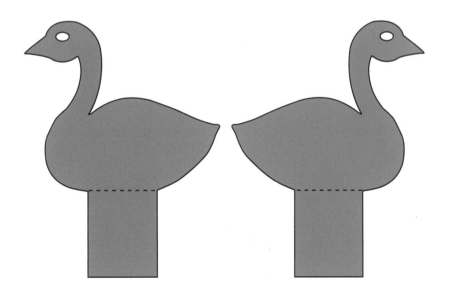